소리튠
영어
혁명

소리튠 영어 혁명

초 판 1쇄 2022년 12월 13일
초 판 10쇄 2024년 11월 20일

지은이 갓주아(이정은)
펴낸이 류종렬

펴낸곳 미다스북스
본부장 임종익
편집장 이다경, 김가영
디자인 임인영, 윤가희
책임진행 이예나, 김요섭, 안채원, 김은진, 장민주

등록 2001년 3월 21일 제2001-000040호
주소 서울시 마포구 양화로 133 서교타워 711호
전화 02) 322-7802~3
팩스 02) 6007-1845
블로그 http://blog.naver.com/midasbooks
전자주소 midasbooks@hanmail.net
페이스북 https://www.facebook.com/midasbooks425
인스타그램 https://www.instagram.com/midasbooks

© 이정은, 미다스북스 2022, *Printed in Korea.*

ISBN 979-11-6910-107-3 13740

값 **17,000원**

소리튠 영어 혁명

SORITUNE ENGLISH REVOLUTION

30년 영알못도
귀가 뚫리고
입이 트이는

갓주아(이정은) 지음

미다스북스

영어 혁명입니다. 들려요. 들리네요. 정말 놀라워요!

— j******

신이 저를 도우러 이 땅에 내려오셨군요. 감사합니다. 과외를 받고 싶은 심정이네요.

— P*****

이 채널이 백만 구독자가 되면 영어 교육의 혁명이 일어날 것입니다. 무분별하고, 비효율적이고, 고비용 구조의 현재의 영어 교육은 변화되어야 합니다!

— 변**

성을 갓으로 개명하셔야 합니다. 진정 갓이니까요.

— H**

선생님 덕분에 소리 완전히 달라진 1인입니다. 선생님 만난 지 벌써 1년도 넘었네요. 가능하지 않을 것 같던 일이 선생님 만나고 기적처럼 일어났고, 여전히 꿈만 같네요. 내 인생에 이런 좋은 소리를 가질 수 있을 것이라고 상상 못 했거든요.

— J***

갓주아를 만난 건 행운입니다. 어렵던 영어가 한 방에 들려요.

— J*****

이게 뭐예요...? 왜 들리는 거예요? 들리고 이해되니까 무서울 지경이에요. 갓주아 영상 다 찾아봐야겠어요. 지금까지 돌고 돌아온 건가요? 쌤 말씀 믿고 다시 시작해봐야겠어요!

— 들***

선생님, 제 영어가 아주 멋있어졌습니다. 정말로 폼이 납니다. 선생님을 좀 더 일찍 만났더라면 얼마나 좋았을까란 생각도 들지만 그래도 유튜브 시대를 맞이하여 이제라도 이런 좋은 강의를 만났다는 사실에 너무 감사할 뿐입니다.

— S**********

혹시나 미래에 손주 얘기를 듣고 함께 공감할 수 있으려면 할배가 어느정도 영어를 해야 하지 않을까 해서 시작했는데 그동안의 학습 방법이 잘못됐다는 것을 깨달았습니다. 그저 감사할 따름입니다. 잘못된 방법을 가지고 시간을

허비했으니 갓주아쌤이 가르쳐주신 대로 한번 따라갈 생각입니다. 말은 못해도 듣고 웃을 수 있다면 땡큐겠네요.

— 박**

갓주아 최고예요. 이런 식으로 가르쳐준 사람은 한 번도 없었는데… 언어에 대해 아주 많이 연구하신 게 느껴져요.

— 소****

좋은 컨텐츠들이 너무 너무 많습니다. 최근 기초부터 다시 시작하는데 어떻게 해야 할지 알게 되었습니다. 감사합니다!!! 재밌고 이해하기 쉽게 배울 수 있을 것 같아요!

— 김**

너무 훌륭한 강의예요. 우리가 중고딩 때 이런 수업을 받았으면 지금 영어가 술술 나왔을 텐데. 지금이라도 도전해봅니다.

— 유*

최고예요. 이런 수준 높은 강의 듣게 해주셔서 너무 감사해요. 매번 영상볼 때마다 경이로움을 금치 못하고 있어요. 강약강약, 엇박, 리듬감, 먹는 소리, 뱉는 소리… '할렐루야'였어요! 정말 실력 있으신 선생님의 능력 높이 칭송하고 싶습니다.

— 뿌*

아주 먼 옛날에 영어랑 '빠이' 하고 살았는데 갑자기 하루 10분이라도 따라 해보고 싶다는 생각이 불끈 듭니다. 모든 걸 포기했었는데, 이제야 궁금증이 해소되고 이해되네요. 감사합니다. 진짜 처음 듣는 얘기였어요.

— 최**

초6 딸이 소리튠 시작한 지 두 달 정도 되었습니다. 과외샘이 외국에서 오래 사신 분인데 아이 발음이 갑자기 좋아지고 있다며 칭찬을 해주셨대요. 아무것도 안 한다고 능청을 떨었다고 합니다. 집에 와서는 기분이 좋아서 춤을 추더라구요.

— 사***

이제 50이 넘은 나이에 우연히 한번 들어봤는데, 포기한 영어를 다시 한 번 시작해보고 싶어지는군요.. 확실한 방법을 정말 명쾌하게 설명해주시네요. 감사합니다.

— B*******

어떻게 이런 질 좋은 강의를 그냥 유튜브에 공짜로 올려주실 수 있죠? 감사합니다.

—A*********

내가 원하던 리스닝&스피킹 훈련이 이런 거야….

— h********

- 이 책을 200% 알차게 읽는 법

STEP 1

<소리튠 영어 혁명>을 반드시 완전 정복하세요!

12살부터 70살까지 이해할 수 있게 친절하게 썼습니다. 최소한 세 차례 정독하고, 특히 5장의 2주 로드맵은 두 차례 완주하세요. 원리를 완전히 이해하고 기초 훈련을 거듭하면 더 잘하고 싶어져서 입이 근질근질해질 것입니다.

  – QR코드로 연결되어 있는 저자 직강 동영상을 활용해보세요. 가능한 입 밖으로 소리내기 편한 장소에서 갓주아와 함께 해보세요!
  – <3분 미션>을 지나치지 말고 꼭 직접 해보세요. 여러분의 현재 상태를 체크해볼 수 있는 미션지입니다!
  – 다시 한번 강조합니다! 5장의 '2주 실전 훈련 완벽 로드맵'을 하지 않는다면 책을 읽지 않은 것이나 다름 없습니다!

STEP 2

이 책에서 배운 내용을 더 깊게 파고들어보세요!

〈소리튠 영어_주아쌤〉 유튜브, 공식 카페와
〈소리튠 영어〉 강의를 통해 체계적인 소리튜닝과 전문가의 피드백을 받으세요!
갓주아의 피드백을 받아볼 수도 있습니다!

STEP 3

〈100일이면 나도 영어천재〉
1~3권 시리즈를 차례로 정복해보세요!

이 책의 2주 로드맵에 이어 100일 로드맵을 따라가면
몰라보게 바뀐 스스로의 영어 소리를 느낄 수 있을 거예요!

영어는 즐기는 것입니다!
유튜브, 공식 카페, 강의를 통한 심화/커뮤니티 활동을 계속 이어가세요!

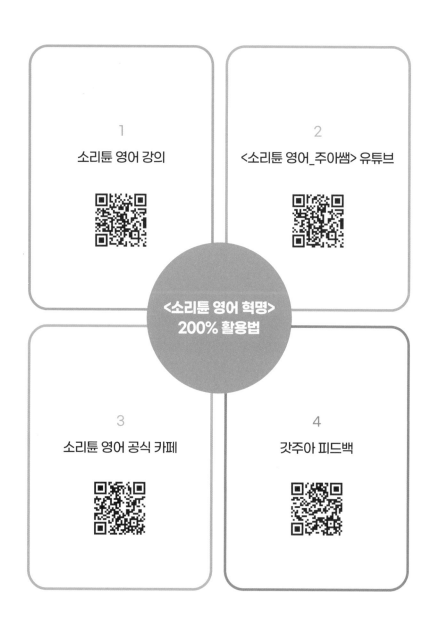

1
소리튠 영어 강의

2
<소리튠 영어_주아쌤> 유튜브

<소리튠 영어 혁명>
200% 활용법

3
소리튠 영어 공식 카페

4
갓주아 피드백

1. 소리튠 영어 강의

– 홈페이지에 가서 강의를 신청하면, 1년 동안 체계적인 소리튜닝 강의와 전문적인 피드백을 받을 수 있습니다.

2. <소리튠 영어_주아쌤> 유튜브

– 이 책의 모든 내용이 더 알기 쉽고 친절하게, 갓주아의 목소리로 담겨 있습니다.

3. 소리튠 영어 공식 카페

– 쌓은 실력을 유감없이 발휘할 수 있는 다양한 클럽과 함께 성장할 수 있는 스터디에 가입할 수 있습니다. 다양한 소리튜닝 자료는 기본!

4. 갓주아 피드백

– 답답하던 내 영어, 갓주아의 속 시원한 피드백을 직접 받아볼 수 있는 기회도 있습니다!

여러분의 즐거운 영어 여정을 진심으로 응원합니다!

영어로 삶이 바뀌는 분들을 보며 느낀 사명감

- 더 많은 분들이 더 편하고 재미있게 끝까지 할 수 있도록!

15년간 영어 교육을 하면서 저에게는 남다른 사명감이 점점 생겼습니다. 처음 영어를 가르쳤을 때는 그저 가르치는 게 좋았고, 재미있었어요. 교육에 대한 책임감이나 큰 사명감은 없었죠. 그런데 한 해 한 해 저로 인해 바뀌는 사람들의 삶을 보면서 이제는 단순한 재미를 느끼기보다는 좀 더 크고 다른 감정을 느낍니다.

– 문제아라고 불리던 중학생 아이가 영어를 가장 좋아하게 되고 나아가 공부를 잘하게 됐을 때.

- "저는 공부에 재능이 없어요. 포기할게요."라고 낙담할 때 "정말 죽도록 해봤어? 우리 한 번은 해보고 포기하자."라는 교과서적인 제 말 한 마디에 정말 죽도록 하더니 3년 내내 전교 1등을 하는 친구를 봤을 때.

- 오랫동안 취업을 못 했던 친구가 영어 스피킹 점수 덕분에 원하는 곳에 취업하게 되었을 때.

- 외국에 살면서 영어를 못해서 주눅 들고 심지어 우울증까지 생겼던 분이 제 교육을 통해 자신감이 생기고 삶의 활력을 되찾게 되었을 때.

- 외국인만 보면 도망 다니던 분이 이제는 자신감이 생겨서 외국인만 보면 가서 말을 걸게 된다며 웃을 때.

- 회사에서 영어 때문에 스트레스 받고 치이다가 저의 교육을 통해 이제는 영어를 무기로 쓰는 분을 보았을 때.

- 아이가 '엄마는 영어를 못한다'고 무시했는데 이제는 아이가 엄마를 자랑스럽게 여긴다는 분의 이야기를 들었을 때.

이런 한 분 한 분의 변화를 겪을 때마다 저는 제가 하고 있는 일에 대해 큰 사명감을 느껴요. '내가 하는 일이 한 사람의 인생을 바꿀 수도 있구나.'라는 무한한 책임감을 느낍니다. 그러다 보니 수업을 통해 잘되는 사람보다 잘 안 되는 사람에 집중하게 되었어요. 어느 수업이든 잘 못 따라오는 분들이 있잖아요. 저는 그런 분들을 만나면 괴로웠고, 고민했어요.

'왜 이 방법으로 이분은 안 될까? 그럼 이렇게 한번 해볼까? 이 방법은 어떨까?'

이런 고민의 과정을 통해 조금씩 노하우가 생기고 지금의 교육 방식이 만들어졌어요. 어찌 보면 개선이 빠르게 되지 않는 분들 덕분에 만들어졌다고 할 수 있죠. 스피킹 시험인 오픽을 가르칠 때 열심히 해도 성적이 잘 안 나오는 친구들을 보면서 영어 소리를 연구하게 되었어요.

저는 청각형이라서, 처음에는 들리는 그대로 소리 내지 못하는 분들이 이해되지 않았어요. '이 소리가 저렇게 들린다고? 왜 저렇게 소리 내지?' 하고 당황스러웠어요. 영화 섀도잉을 가르칠 때, 10명 중 열심히 해도 안 되는 6~7명에 집중하다 보니 시각형을 위한 영어 소리 훈련은 달라야 한다는 것을 깨달았습니다. 그리고 지금의 '영어 소리튜닝'을 개발하게 되었어요. '많은 분들이 좀 더 편하게 그리고 매일 훈련하게 할 수 있는 방법은 없을까?'를 고민하다 보니 만들어진 게 지금의 소리튠 영어예요.

소리튜닝으로 영어 소리는 좋아지고 리스닝도 잘 되는데, 여전히 영어로 문장을 만드는 것이 어렵다는 분들이 또 계셨습니다. 그래서 그분들의 고민에 집중하다 보니 지금의 '소리 블록'을 만들게 되었어요.

내 가슴에 불을 지핀 목표
- 대한민국 대부분의 사람들이 '영어 소리튜닝'을 경험하게 하고 싶다!

어찌 보면 지금까지의 제 모든 일은 그렇게 시작된 것 같아요. 처음엔 제가 사업을 하고 있다는 생각조차 못 했습니다. 그저 영어가 안 되어서 힘들어하시는 많은 분들을 잘하게 만들고 싶다는, 변화를 만들어드리고 싶다는 마음이었습니다. 나중에는 수강생분들이 많아지니 사이트가 필요해졌고, 그 사이트를 관리하고 운영할 수 있는 분들이 필요해서 지금의 회사 형태가 되었죠.

사업을 하기 위해서는 '비전'과 '수치화할 수 있는 목표'가 있어야 한다는 말을 요즘 많이 듣습니다. 최근에 제 사업 멘토께서 이런 질문을 하셨어요. "제가 아는 어떤 교육 사업하시는 분의 목표가 1조를 버는 거라고 하던데, 이 대표님도 그런 목표가 있나요?" 저는 '1조'라는 목표에 그다지 가슴이 떨리지 않았어요. 그래서 솔직하게 말했습니다. "음, 1조 벌면 뭐가 좋을까요? 저는 그런 목표가 없는 것 같아요." 그랬더니 다시 질문을 하셨어요.

"그래요? 그럼 우리나라 사람들 중 몇 명에게 영어 소리튜닝을 경험하게 해주고 싶으세요?"

저는 그 질문에 가슴이 뛰었어요. 그래서 이런 목표를 갖게 되었어요.

'대한민국 대부분의 사람들이 '영어 소리튜닝'을 경험하게 하고 싶다!'

영알못에서 벗어나 여러분 앞에 펼쳐질 즐거운 영어 여정을 응원합니다!

우리는 어떤 수업을 완강해도 항상 자신을 '영알못', '영어 왕초보', '영어를 잘 못하는 사람'이라고 말합니다. 하지만 '영어 소리튜닝'은 여러분의 생각보다 단시간에 자신을 '영어를 꽤 하는 사람'이라고 규정하게 해줘요. 10년이 넘게 지지부진하게 느는 것 같지 않던 영어가 한 달 만에, 스스로 생각하기에도 확연히 달라지는 것입니다. 드디어 들리고, 마침내 말이 나

옵니다. 그래서 수강생분들은 '영어 혁명'이라고들 이야기하십니다.

 저는 확실히 이야기합니다. 사람들이 너무나도 원하는 '영어 마스터'는 불가능합니다. 잘하다가도 어느 순간 안 하면 점점 감각이 사라집니다. 그래서 언어는 평생 즐기는 것입니다. 그런데 '영알못'인 상태에서는 영어를 즐기기 어렵습니다. 즐거움의 대상이 아니라 고통의 대상이 되죠. 그래서 가능한 단시간에 '영알못'에서 벗어나 '나는 영어를 꽤 하는 사람'이라고 생각할 수 있게 되는 것이 중요합니다.

 이것을 가능하게 해주는 것이 두 개의 영어 학습 기본 기둥인 '영어 소리튜닝'과 '영어 소리 블록'이에요. 이 두 축을 잘 쌓아놓으면 그 다음부터 영어는 고통의 대상이 아닌 즐거움의 대상이 될 거예요.

 이제 새롭게 펼쳐질 여러분의 즐거운 영어 여정을 진심으로 응원합니다.

갓주아(이정은)   Jua

갓주아와 소리튜닝의 탄생,
이제 여러분의 차례입니다!

'갓주아'라 불리는 주아쌤에게도 영알못 흑역사가 있었다!

저는 갓주아입니다. 예전에 영어학원에서 이정은이란 본명 대신 '주아 쌤'이라는 이름을 썼는데, 저를 거쳐간 수많은 수강생들이 구세주를 뜻하는 '갓(god)'을 붙여 '갓주아'로 불러주었죠. 지금 저는 〈소리튠 영어〉의 CEO입니다. 코치를 양성하고 수강생들을 피드백하며, '소리튜닝'을 더 쉽고 재미있고 견고하게 다듬는 데 열중합니다. 겉모습에는 그늘 하나 없고, 쑥스럽지만 주변에서 멋있다는 소리도 듣습니다. 이런 제게도 우울하고 소심했던 영알못 흑역사가 있었다고 하면 많은 분들이 놀라십니다.

말도 제대로 못 하고 공부도 못하는 지진아,

영어 소리를 마스터 하고 인생이 변하다!

우선 어릴 적 저는 지진아였습니다. 3살 때 원인 불명의 고열이 지속되는 가와사키라는 병에 걸렸었는데, 당시엔 치료법이 없었음에도 저는 기적처럼 살아났습니다. 하지만 후유증이 남았기에 2년간 입원 치료를 해야 했습니다. 몸은 당연히 허약했고 제 두뇌 발달 상태는 정상이 아니었습니다. 퇴원 후에도 하루 종일 멍하니 있었습니다. '가위'를 기억 못 해서 또 묻고 돌아와서 또 묻고…. 가위 심부름 하나 못 할 정도였습니다.

당연히 학교에서는 열등생이었고, 발표는커녕 소심해서 친구에게 말도 못 거는 아이였습니다. 수업 시간에 선생님이 질문할까 봐 두려워 땀을 뻘뻘 흘릴 정도였죠. 저는 제 모습이 마음에 든 적이 한 번도 없었습니다. 말을 제대로 못 하는 것도 싫었고, 공부를 못하는 자신은 더욱 싫었습니다.

열세 살 때, 저는 처음으로 영어를 접했습니다. 그룹 과외에서 알파벳과 문법을 배우기 시작했는데 재미가 없었습니다. 그러다가 우연히 교재에 딸려 있는 테이프를 틀었는데 거기서 나오는 영어 소리가 신기하고 재미있었습니다. 그 후로 영어 소리를 듣고 똑같이 흉내 내기 시작했고, 거의 취미가 되었죠. 하루에 몇 시간 이상씩 테이프를 돌려가며 듣고 따라 했습니다. 그렇게 3개월 정도가 지났을까요? 어느 순간 제 귀에 영어 소리가 너무 편하게 들렸습니다. 입을 통해 나오는 영어 발음도 유창해졌습니다. 선생님께 칭찬을 듣고 친구들에게 부러움을 사기 시작했습니다. '이것 봐, 나도 잘할 수 있어!' 소심하기 그지없던 저는 점점 친구들 앞에 나서는 것을 좋아하는 성격으로 변했습니다. 잘하는 걸 뽐내고 싶었으니까요.

**그 어려웠던 러시아어가 귀에 꽂히는 순간,
나도 몰랐던 첫 소리튜닝의 시작!**

제 흑역사는 여기서 끝이 아닙니다. 소심한 성격은 극복했지만 이후 외고 진학을 놓치고, 흥미 없는 이과를 선택해 고등학교 시절을 보내다 결국 삼수를 했습니다. 그때는 신이 저만 미워하는 것 같았어요. 극심한 스트레스에 머리카락이 다 빠질 정도였습니다. 학원을 오고 갈 때마다 울며 다녔죠. 분명히 뭔가 잘못된 게 있으니 이렇게 인생이 꼬이지 싶었습니다. 다행히 삼수 후 제가 원하는 대학에 갈 수 있게 되었습니다. 외국어대학교 러시아어과였죠. 3개 국어 통역사가 되겠다는 꿈을 꾸었지만, 현실은 녹록지 않았습니다. 러시아어가 너무 어려웠습니다. 우울한 1학년을 보내고, 2학년 때 운 좋게 러시아로 교환학생을 가게 되었습니다. 그때 저는 러시아에 가면 저절로 러시아어를 잘하게 될 것이라고 희망을 품었습니다. 하지만 기대와 달리 러시아 학교에서도 똑같이 문법 공부와 읽기 연습을 시키자 저는 의욕을 잃었습니다. 결국 공부를 놓고 관광을 다니며 시간을 보냈죠.

  그러나 잠시 즐겁던 러시아 관광 연수도 종말을 고했습니다. 같은 한국 유학생으로 당시 사귀던 남자친구와 헤어졌던 것입니다. 저는 완전히 실의에 빠져 은둔생활을 시작했습니다. 집 안에서 주구장창 TV만 봤습니다. 반쯤 잠든 상태에서 보드카를 마시며 보기도 했습니다. 최소한 죽지 않을 만큼 자고 먹으면서 그렇게 날이 가고 달이 갔습니다. 그러던 어느 날, 그 딱딱하고 어려운 러시아어가 귀에 꽂히기 시작했습니다. 무슨 말인지 이해할 수는 없어도 소리가 확실하게 들리기 시작한 것입니다. "뭐지? 러시아어가 들리잖아!" 저는 그 즉시 방구석에 처박아두었던 교재와 CD를 꺼내서 듣고 또 들었습니다. TV 속 어느 러시아 여배우의 소리가 너무 지적이라 따라 하고 싶었고, 그 배우가 나온 영화 CD도 모조리 사서 들으며 따라 했습니다. 몸짓, 제스처, 표정, 입 모양, 호흡까지 따라 했죠. 저는 이 과정을 반복했습니다. 당시의 저는 몰랐지만, 이것이 제 소리튜닝의 시작이었습니다. 이후 제 러시아어는 몰라보게 유창해졌으니까요.

나의 흑역사와 좌절이 빚어낸 비법, 소리튜닝!
이제 여러분 차례입니다!

소리튜닝은 좌절의 시기를 거치며 제가 발견한 비법입니다. 이 뒤로 제가 경험하고 다양한 사람들을 가르치며 수많은 시행착오를 거쳤고, 지금의 소리튜닝을 세상에 내놓을 수 있었습니다. 제가 낙오 없이 승승장구만 했다면 영어가 안 돼서 좌절하는 사람들의 마음을 어떻게 알았겠습니까? 저는 베스트 선수가 아니었기 때문에, 지금 베스트 코치가 될 수 있었습니다.

소리튜닝은 '보통 되는 방법들로 했을 때 통하지 않는 사람들'을 연구

해서 만들어낸 것입니다. "왜 10명 중 7명은 안 될까?"에 초점을 맞춰서
만들어졌죠. 제가 수백 명의 사람들을 코칭하면서 얻은 노하우가 어찌
보면 지금의 모든 법칙을 만들었는지 모르겠습니다. 그래서 저는 소리가
심각하신 분들이 오면 오히려 감사합니다. 코칭은 힘들지만 그 속에서
배우는 것도 많고, 무엇보다 바뀌었을 때 성취감이 엄청나거든요.

지금은 '갓주아'라고 불리지만, 제게도 흑역사가 있습니다. 다시 들춰
보니 부끄럽기도 하고 한편 자랑스럽기도 하네요. 돌이켜보니 '아. 이래
서 그런 경험을 주셨구나.' 하는 생각이 듭니다. 이렇게 얻은 자신감과 꿈
은 지금까지 제 인생을 이끌어준 원동력이 되었습니다.

지금도 저는 도전하는 데 두려움이 없습니다. 어차피 누구나 한두 번
은 실패할 수 있음을 알기 때문입니다. 모든 시련과 경험은 제가 지금 좋
은 영어 강사가 되는 데 충분한 역할을 했다고 믿습니다.

여러분에게도 흑역사가 있을 것입니다. 하지만 중요한 건 지금부터죠.
이제 여러분 차례입니다. 흑역사와 시행착오를 뒤로 하고 소리튜닝으로
도전해보세요. 이 책과 제가 늘 함께할 것입니다!

목차

갓주아를 향한 수많은 영알못들의 찬사   004

<소리튠 영어 혁명> 영어천재로 가는 로드맵 이 책을 200% 알차게 읽는 법   008

프롤로그 여러분의 즐거운 영어 여정을 진심으로 응원합니다!   012

들어가기 전에 갓주아와 소리튜닝의 탄생, 이제 여러분의 차례입니다!   018

1장 30년 영알못들을 구원할 소리튠 영어 혁명이 왔다!

1 갓주아는 왜 별안간 세종대왕이 되었을까?   031

2 듣기만 해서 안 됐으면 되는 방법을 찾아야지!   040

3 하나하나 또박또박 들으려는 강박은 방해만 된다   052

4 단어 수천 개를 외웠는데 한 마디도 못 하는 억울함   060

5 영어 공부가 매번 작심삼일로 흐지부지되는 이유   070

2장 귀가 트이고 입이 뚫리는 소리튜닝 2가지 핵심 원리

1 아는 소리와 들리는 소리의 괴리감을 줄여라 083

2 모든 영어를 블록으로 잘라서 받아들여라 090

3장 영알못을 영어천재로 만드는 소리튜닝 7가지 실행 법칙

1 발성과 호흡을 잡아라 : 영어는 아╲하고, 한국어는 아╱한다 101

2 내용어/기능어 구분하라 : 중요한 말과 중요하지 않은 말이 있다 110

3 축약과 연음이 문제다 : 웅얼웅얼 얼버무려서 소리 내기도 한다 118

4 리듬을 극대화하라 : 영어 문장은 하나의 긴 단어라고 생각한다 130

5 블록화로 다시 보라 : 하나하나 보지 말고 블록으로 잘라서 본다 138

6 단어를 제대로 외워라 : 'dangerous—위험한'이라고 외웠다면, 쓸모없다 150

7 1개를 100개로 써먹어라 : 문장은 실전에서 쓸 수 있어야 보배다 158

4장 영어천재로 가는 마인드튜닝 5원칙

1 내가 즐겁게 할 수 있는 정도로만 하라   171

2 '이 한 문장만 내 것으로 만든다!'고 마음먹어라   180

3 가능하면 반드시 피드백을 받아라   186

4 영어는 일상으로부터 시작하라   191

5 귀와 입에 딱 붙여서 기억하라   196

5장 소리튠 영어 혁명, 2주 실전 훈련 완벽 로드맵

DAY 01~05   시작 블록 소리튜닝으로 코팅하기   204

DAY 06~10   기본 동사 5개 중심 블록 소리튜닝하기   236

DAY 11~14   소리 블록 실전 통합 훈련하기   288

나 _____ 는

이 책에 담긴 소리튜닝의

모든 원리를 이해하고 훈련을 실천하면서

갓주아와 함께 영알못에서 탈출하여

영어천재가 되겠습니다.

SORITUNE ENGLISH REVOLUTION

SORITUNE ENGLISH REVOLUTION

1장

___

30년 영알못들을 구원할

소리튠 영어 혁명이 왔다!

<소리튠 영어 혁명> 영어천재로 가는 마인드 코칭

좌절하지 마세요. 억울해하지 마세요.

왜냐하면 제대로 한 적이 없기 때문입니다.

평생 공부했는데 안 돼서 좌절스럽다는 말을 하지 않으려면

반드시 소리튜닝이 필요합니다.

-1-

갓주아는 왜 별안간 세종대왕이 되었을까?

영어 소리와 한국어 소리는 토끼와 사자만큼 다르다!

"30년이나 영어 공부를 했는데 여전히 안 들려요!"

"나름 단어도 많이 외웠는데 간단하게 해외에서 주문도 못 하겠어요. 물 한잔 달라는 말조차 못 하겠어요. 도대체 뭐가 문제인지 모르겠어요!"

"이제까지 공부한 게 너무 억울해요."

제가 15년간 영어를 가르치면서 이런 하소연을 정말 많이 들었습니다.

그러면 저는 이렇게 말합니다.

"전혀 억울해할 이유가 없어요!"

왜냐하면 우리는 단 한 번도 영어 소리 훈련을 제대로 해본 적이 없기 때문입니다. 어떤 분은 묻습니다. 일본어 배울 때는 소리 훈련 안 해도 잘만 배웠는데 왜 영어는 제대로 따로 소리 훈련을 해야 하냐고요. 그럼 저는 이런 예화로 대답합니다.

최근 제가 올린 동영상에 재미있는 댓글이 달렸습니다.

"정말 주아쌤은 나같은 영포자에겐 세종대왕에 비견될 분이다. … 나랏말이 영어 소리와 달라 발음과 발성, 리듬이 서로 맞지 아니하다. 이런 까닭으로 어여쁜 우리 백성이 하고 싶은 말이 있어도 마침내 자신의 뜻을 펴지 못하나니 내 이에 소리튠을 만들어 영어를 배우고자 하는 모든 사람으로 하여금 쉽게 익혀 날마다 쓰기에 편안케 하고자 하노라…"

한편으로 너무 과분한 비유였지만 제 영어 소리튜닝에 대한 제 마음을 그대로 표현해주어서 한참을 반갑게 웃었습니다.

이분 말씀처럼 영어 소리와 한국어 소리는 초식 동물과 육식 동물의 차이만큼 다릅니다. 영어와 한국어의 다른 점을 꼽으라면 어순이 대표적이지만, 소리도 어순만큼이나 굉장히 다르다는 것을 인지해야 합니다. 그래서 몇몇 재능 있는 사람들을 제외하고, 제대로 소리 훈련을 해주지 않으면 영어를 잘할 수 없습니다.

한국어와 영어의 소리는 발성, 발음, 리듬, 강세, 호흡 등 그 어떤 것도 같은 것이 없습니다. 영어 소리를 알아야 합니다. 그래서 소리의 가장 최소 단위인 '음소'부터 영어식 발성과 호흡에 따라 다시 훈련하여 소리의 데이터 값을 귀에 심어줘야 합니다. 평생 공부했는데 안 돼서 좌절스럽다는 말을 하지 않으려면 반드시 필요합니다. 영어 회화에서 중요한 것은 영어 소리입니다.

분명히 영어인데, '마사지'를 못 알아듣는 이유는?

소리에 대한 중요성을 이야기하면 '인도 사람들도 자신감 있게 그들만의 발음으로 말하는데 소리가 뭐가 중요하냐는 분들도 있습니다. 하지만 실제로 외국으로 나가보면 사정이 다릅니다. 저도 인도 친구의 소리를 알아듣지 못했던 기억이 있습니다. 같이 공부했던 미국 친구에게 하소연을 했죠. 그랬더니 그 친구가 위로를 해주더군요.

"인도 친구와 토론을 해야 하는데, 뭐라고 하는지 잘 안 들려."

"나도 저 친구가 하는 말 거의 못 알아들어. 괜찮아."

조금 슬픈 점은, 그래도 한국인들의 영어보다는 인도인의 영어를 잘 알아듣는다는 것입니다. 어째서일까요? 인도인들은 발음이 어수룩하더라도 최소한 강세에 맞춰서 소리를 냅니다. 그러나 한국인이나 일본인은 영어의 강세와 리듬을 전혀 신경 쓰지 않습니다.

예를 들어볼까요? 우리에게 익숙한 '마사지(massage)'라는 단어를 봅시다. 어떻게 말하죠?

마 사 지

이렇게 소리 내면 영어권 사람들은 잘 못 알아듣습니다. 이 단어의 강세가 있기 때문이죠.

maSSage
[məˈsɑːʒ]

2음절 단어입니다. 영어에서 음절은 개수는 발음기호 기준 모음의 개수로 정합니다. 뒤에 강세가 있는 2음절 단어를 '마 사 지' 이렇게 3음절로 또박또박 소리 내면 원어민 입장에서는 굉장히 혼란스럽습니다. 다른 단어로 인식할 수밖에 없죠. 원어민과 소통이 안 될 때 인종 차별이라고 치부하는 경우가 있습니다. 그런 사례가 있기는 하지만, 대부분의 선량한 외국인들은 정말 못 알아듣는 경우가 많습니다. 그러면 "Sorry?"라고 되묻고, 우리는 그 순간 얼어붙게 되는 것입니다.

좌절하지 마라! 우리는 지금까지 영어 회화를 제대로 한 적이 없다!

〈소리튠 영어〉에 60대 중반의 회원분이 계십니다. 영어를 평생 공부해 오셨는데, 어떤 공부를 해도 소용이 없으셨다고 합니다.

"저는 대부분의 영어 코스가 끝이 있어서 너무 싫었어요. 아직 나는 들리지도 않고 말도 못 하겠는데 코스가 끝났으니 졸업하라고 하니까요."

한 연수원에 가서 평일 종일반 수업을 1년간 들으며 가장 높은 반까지 가서 졸업을 했는데도 안 되고, 영어 관련 학위를 따볼까 해서 대학에 편입해서 학위를 따셨고, 테솔(TESOL) 자격증도 취득하셨고, 뉴질랜드 3개월 어학연수 수료도 하셨다고 합니다. 대단하죠. 하지만 이렇게 성실하게 열심히 했는데도 영어가 안 되니, 좌절할 수밖에 없으셨습니다.

"저는 안 들려요. 원어민들의 속도로는 절대 안 들려요. 그리고 말도 못 하겠어요. 자신감이 없어요."

그러다가 제 첫 번째 책인 『10년째 영알못은 어떻게 100일 만에 영어천재가 되었을까』를 보고 그때부터 소리 훈련을 하셨다고 합니다. '나는 영어를 꼭 잘하고 싶어.'라는 한이 있으셨던 것이죠. 8개월 정도 되었을 때, 이렇게 이야기를 하셨어요.

"선생님, 저 드디어 들립니다! 음소 하나하나, 소리 하나하나가 또박또박 다 들려요. 낱낱이 다 들립니다!"

아마 과거의 이분과 같은 경우인 분들이 많을 것입니다. 단어도 웬만하면 다 알고 문법도 거의 전문가 수준인데 말만 안 나오는 거죠. 여러분, 원어민들도 영어 문법 잘 모르지만 말은 합니다. 우리도 한국어 문법은 잘 모르지만 말은 잘하죠. 그런데 우리는 문법 공부하고 단어 외우면서, 말을 하려면 더 공부해야 한다고 합니다. 물론 기본 정도는 알아야겠죠. 하지만 그것만 한다고 해서 귀가 트이지 않습니다. 말이 나오지 않아요. 반드시 영어 소리에 맞는 훈련을 해야 합니다.

좌절하지 마세요. 억울해하지 마세요. 왜냐하면 제대로 한 적이 없기 때문입니다. 문법 공부도, 단어 암기도, 영화 섀도잉도, 미드 100번 보기도, 낭독도 모두 제대로 된 영어 소리 훈련이 아닙니다.

우리는 본질을 배워야 해요. 이제 하기만 하면 됩니다. 그래서 우리에게는 희망만 있습니다.

들리는 그대로 인식해보세요

팝송을 따라 부르고 싶은데 가사가 없어서 들리는 대로 적어서 불러본 적 있으시죠? 그런데 그렇게 한 영어 소리가 훨씬 더 정확했다는 것, 아시나요? 오로지 소리에만 의존해서 내 귀에 들리는 대로 적고 소리 내니까요. 내가 예상하는 소리와 실제 들리는 소리를 구분해서 적어보면 '이래서 원어민들이 내 소리를 듣지 못하는구나!' 하고 인식하게 될 거예요.

* 네이버 사전에서 검색하여 소리를 듣고 써봅시다. 단어가 되지 않아도 됩니다. 가장 크게 들리는 소리는 크게, 작게 들리는 소리는 작게 써봐요.

EX. massage - 머싸쥐 / establish - 어스때블리쉬

1. hotel
2. zero
3. parasol
4. cassette
5. battery

영어를 배우고 싶다면 반드시
'소리튜닝'부터!

우리나라에서 문법과 단어는 어렸을 때부터 공부도 많이 시킵니다. 그런데도 사람들은 여전히 더 많은 문법을 공부하고 단어를 외워야 들릴 거라고 말합니다. 물론 알면 좋죠. 그런데 단어를 몰라서 못 듣나요? 아는데도 안 들리는 경우가 너무 많습니다. 그 이유가 무엇일까요?

우리는 소리를 훈련해본 적이 없기 때문입니다. 소리야말로 다른 언어를 배우는 데 있어 가장 중요한 요소입니다. 만약 국제 공용어가 영어가 아니라 스페인어였다면, 우리가 국제어를 하는 게 지금보다는 훨씬 편했을 것입니다. 왜냐하면 스페인어는 영어보다는 한국어와 비슷한 점이 있기 때문입니다. 중요한 단어와 중요하지 않은 소리의 구분도 없습니다. 교포 중에 영어 못 하는 사람들은 많아도 스페인어를 못 하는 사람은 별로 없습니다. 소리만 돼도 다른 언어를 배우는 것이 쉬워진다는 증거죠.

그런데도 한국 영어 교육의 현장에서는 소리 교육을 여전히 간과합니다. 우리나라 영어 교육의 가장 큰 문제입니다. 많은 초등학교, 중학교 영어 교사분들이 한탄하세요.

"학교는 리딩을 위한 파닉스만 가르치고 영어 소리 교육 과정은 없어요."

영어 소리의 가장 중요하고 기본이 되는 이론을 학교에서도 학원에서도 제대로 가르쳐주는 곳이 없습니다. 다른 언어를 배우고 싶다면, 특히 한국어와 전혀 다른 '영어'를 배우고 싶다면 단언컨대 '소리튜닝'이 먼저입니다.

- 2 -

듣기만 해서 안 됐으면 되는 방법을
찾아야지!

임재범이 거짓말을 한 걸까, 내가 문제인 걸까?

가수 임재범 님이 영어를 아주 잘한다는 사실을 알고 계시나요? 임재범 님은 국내외 다양한 프로그램에서 유창한 영어 실력을 보여주었습니다. 무려 영어로 농담, 성대모사까지 가능한 수준입니다. 그런데 임재범 님도 영알못이었습니다. 영어를 아예 모르는 상태에서 밴드 활동을 위해 영국으로 향했는데, 입국심사 질문조차 알아듣지 못하는 수준이었다고 하죠. 그러나 함께했던 가수 김도균 님의 증언에 의하면 "6개월 만에 영국식 생활영어를 마스터했다"고 합니다. 그러면 누구나 영국에서 6개월 있으면 임재범 님만큼 유창해질 수 있나요? 아니죠. 그렇다면 임재범 님의 이야기가 거짓말인 걸까요? 아니면 해도 안 되는 우리가 문제인 걸까요?

여러분이 어떤 프로그램이나 책을 고를 때 조심해야 하는 문구는 다음과 같습니다.

"영어를 전혀 못 했던 제가 이런 방식으로 잘하게 되었어요."

"그러니 제가 했던 방식을 하시면 저처럼 영어를 잘하게 될 수 있습니다."

"영화 섀도잉 몇 개 했더니 이렇게 잘하게 되었어요. 책 3권을 낭독했더니 이렇게 영어를 잘하게 되었어요."

이런 문구를 보고, 마음을 굳게 먹고 따라도 해보셨을 거예요. 하지만 어떤가요? 여전히 안 되니 지금 이 책을 보고 계시겠죠?

영화 3편을 통째로 외운 K양, 영어가 안 되는 이유!

영어에 한이 맺힌 K양이 있었습니다. 컨설팅 도중에 지금까지 섀도잉 공부한 자료들을 다 보여주면서 한탄을 했어요.

"영화를 3편만 섀도잉하면 된다고 해서 진짜 독하게 마음먹고, 영화 3편을 섀도잉했어요. 정말 한국말까지 달달 외웠거든요. 그런데 문제는 제가 섀도잉한 그 영화만 들린다는 거예요. 다른 영화나 원어민의 말은 여전히 들리지 않아요. 그 3편의 영화도 들려서 듣는 건지 아니면 외워서 들리는 것처럼 느끼는 건지 헷갈려요. 왜 저만 안 되는 걸까요? 저 사람들이 거짓말을 한 건지 아니면 제가 문제인지 모르겠어요."

이분과 같은 경험을 한 분들이 많을 것입니다. 그럼 영화 섀도잉 3편 했더니 귀가 뚫렸다고 하시는 분들이 거짓말을 하는 걸까요? 아니에요. 저는 적어도 거짓말은 아니라고 생각합니다. 그분들에게는 그 방식이 통했던 거예요. 그런데 왜 나한테는 이 방식이 안 되는 걸까요? 전제 자체가 잘못되었습니다. '내가 이렇게 해서 됐으니까 너도 될 거야.' 하는 식은 우리 모두가 다 똑같다는 전제하에 가능한 것입니다.

NLP(Neuro Linguistic Programing, 신경 언어 프로그래밍) 이론에 따르면 인간이 정보를 받아들일 때 각자 선호하는 감각 체계가 있다고 합니다. 크게 시각, 청각 그리고 체각으로 나눌 수 있습니다. 우리는 이 3개의 감각을 고루 이용하면서 정보를 받아들이지만 보통 더 선호하는 감각 유형이 있습니다. 시각형(Visual)은 눈으로 정보를 받아들이는 것에 익숙합니다. 분석을 좋아하고 이론을 좋아합니다. 비율에 대한 의견은 분분하지만 전 세계 약 65% 이상이 시각형이라고 하죠. 체각형(Kinesthetic)은 운동선수들이 많습니다. 말을 할 때 제스처가 많고 상대방을 터치하는 경향이 있죠. 전 세계 5% 정도를 차지합니다. 그리고 정보를 귀로 받아들이는 것이 익숙한 청각형(Auditory)은 전 세계 약 30% 정도를 차지합니다. 성대모사에 능한 개그맨이나 가수들이 많습니다. 대부분 섀도잉이나 낭독을 통해 귀가 뚫렸다는 사람들은 청각형이거나 전반적으로 감각이 골고루 높은 사람들입니다. 시중에 나와 있는 대부분의 영어 학습 프로그램은 30% 정도의 청각형을 위해 만들어졌다고 할 수 있죠. 그래서 나머지 70%는 "왜 나는 안 되지?" 하며 좌절하는 것입니다.

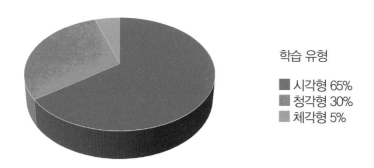

[참고 : https://medium.com/julian-zehr/what-kind-of-learner-are-you-7edebf30f771]

나는 시각형일까, 청각형일까?

"에고, 다음 생에는 꼭 청각형으로 태어나야겠네요."

이렇게 푸념하는 분도 있었습니다. 하지만 청각형이라고 언어 공부에 모두 유리한 것은 아닙니다. 심각한 청각형의 경우, 앵무새처럼 따라 하는 능력만 타고나서, 실제로 문장을 만들거나 조합하는 것을 어려워하기도 합니다. 반대로 시각형은 보고 읽으며 표현을 응용하는 능력이 높죠. 포인트는 자기 자신에게 맞는 학습 방법을 찾고, 부족한 부분을 인정하고 보완해나가는 것입니다.

시각형은 이론을 분석적으로 배우고 피드백을 받으면서 훈련하게 합니다. 청각형은 소리튜닝 법칙을 통한 섀도잉이나 낭독의 방식으로 이끌어가고, 듣고 흘리지 않도록 문장 확장을 중점으로 훈련합니다. 이렇듯 자신의 학습 선호 감각을 이해하고 자신에게 유리한 방식으로 훈련하면 큰 좌절 없이 해나갈 수 있습니다. 그런데 자신에 대한 이해 없이 '왜 나는 저 사람처럼 빠르지 않지? 왜 나만 잘 안 되지?'에 집중하게 되면 흔히들 말하는 영어에 대한 '한'이 생기는 것입니다.

이 책에 담긴 소리튜닝 법칙은 모두 '한'이 있는 한 분 한 분을 도와드리고 싶다는 생각으로 접근해서 만들어낸 노하우입니다. 〈소리튠 영어〉에서는 훈련을 시작하기 전에 학습 선호 감각 검사를 하게 하고, 음치인지 박치인지 물어봅니다. 우리는 K양의 감각 유형 검사를 해보았습니다.

시각 : 청각 : 체각

= 80 : 10 : 20 (각 점수들은 따로따로 책정됩니다. 전체의 합은 100점이 아닙니다.)

K양은 완벽한 시각형이었습니다. 여기에 음치, 박치였죠. 한국어 발음을 할 때 입을 거의 벌리지 않고 오물오물 말하는 습관이 있고 발성이 굉장히 높았습니다. 저는 이런 분들이 오면 도전 정신이 생기고는 하는데, "꼭 소리튜닝을 시켜서 자신감을 심어주고, 영어의 한을 없애드리고 싶다!" 하는 정신입니다.

어떤 공부를 하든 자신의 선호 감각을 알아보고 유리한 방식으로 하는 것이 좋습니다. 만약 검사를 하지 않아서, K양에게 '듣고 따라 하세요' 하는 새도잉이나 낭독 방식으로 다가갔다면 어땠을까요? 힘들기만 하고 전혀 도움이 되지 않았을 것입니다. 시각형에 음치와 박치까지 있는 경우, 영화 속 주인공의 소리의 특징을 캐치하지 못하는 것은 당연하고 본인의 소리도 어떤지 알지 못합니다. 그래서 이런 유형은 반드시 전문 코치가 귀를 대신해줘야 합니다. 그렇게 훈련을 하다 보면 심각한 시각형도 점점 청각이 발달하기 시작합니다.

물론 감각 유형 검사 시, 전체적으로 점수가 낮은 사람들도 있습니다. '전체적으로 감각이 둔한' 사람들입니다. 여기에 속한다 해도 실망할 필요는 없습니다. 우리의 감각은 자주 자극하고 사용하느냐에 따라 발달할 수 있기 때문입니다. 심각한 시각형이었던 G코치님은 코치가 된 후 다시 선호 학습 감각 검사를 해봤는데, 청각 점수가 이전 검사 수치보다 훨씬 높아졌다고 합니다.

저도 한때는 영어 섀도잉으로 충분하다고 생각했던 적이 있었습니다. 왜냐하면 제가 청각형이었기 때문이죠. 초보 강사 시절에는 '나도 효과를 봤으니 너도 귀가 뚫릴 거야.'라는 방식으로 가르쳤는데, 똑같이 열심히 해도 10명 중에 3명은 되지만, 7명은 안 됐습니다. 저는 고민했습니다.

"왜 이분들은 안 될까? 어떻게 하면 누구나 무조건 될까?"

그러다가 만든 것이 바로 지금의 영어 소리튜닝입니다. 우연히 NLP 관련 책을 접했고, 나머지 7명의 시각형, 체각형까지 성공할 수밖에 없는 방법을 연구하기 시작했습니다. 영어 소리튜닝을 법칙화하고 나머지 7명의 시각형, 체각형 혹은 음치, 박치인 사람들에게 적용해보았어요. 그리고 놀랍게도 섀도잉 방식으로 되지 않았던 분들의 모든 귀와 입이 튜닝되었고, 그분들 중 몇 분은 〈소리튠 영어〉에서 자신과 비슷했던 사람들의 소리를 코칭하면서 영어 소리 코치로서의 삶을 살고 있습니다.

어떤 방법으로도 되지 않아서 평생 영어가 한이라고 말했던 분들이 자신의 소리가 좋아지고 다른 사람들의 소리를 코칭하니 놀라운 일 아닌가요?

K양에게 '당신은 시각형이고, 음치와 박치이기 때문에 굉장히 천천히 조금씩 성장할 것'이라고 계속 이야기했지만, 다른 사람들과 비교하며 조급해했습니다. 그래서 코칭 시 마인드 트레이닝을 진행했습니다.

"우리, 남과 비교하지 말아요. 우리는 음치와 박치가 있어요. 이걸 인정하고 어제보다 더 나아진 나에 집중해요. 비교하면 좌절할 뿐이에요."

다행히 K양은 포기하지 않고 자신을 믿고 끝까지 해냈습니다. 다른 사람들에 비해 4개월 정도 늦었지만 결코 이분의 전체 영어 여정으로 봤을 때 늦은 것은 아닙니다. 늦어봤자 몇 달 차이입니다. 우리가 영어에 한이 맺힌 10년, 30년에 비하면 너무 짧은 시간이지 않은가요? 자신의 기질을 고려하지 않고 남과 비교만 하다가 포기하지 않기를 바랍니다.

나는 무슨 유형일까?
선호 감각 체계 테스트

심리 테스트 같은 간단한 테스트이기 때문에 참고만 해주세요. 간단한 테스트를 해보세요. 5가지 상황에서 여러분이 어떤 성향인지 고르고, 아래 해설표에서 어떤 감각 발달 사항이 가장 많은지 체크해보세요.

나는 수업을 고를 때	토론할 수 있는 수업을 선호한다	그림이나 도표, 비디오 등을 활용한 수업을 선호한다	체험할 수 있거나 돌아다니는 수업을 선호한다
나는 새로운 기기를 작동할 때	이미 써본 사람의 사용 후기나 설명을 듣는 게 좋다	일단 한 번 이리저리 만져본다	가장 먼저 설명서를 읽어본다
나는 사람을 만날 때	사람들과 육체적인 활동을 하기를 원한다	사람들 이름을 잘 외운다	사람들 얼굴을 잘 기억한다
나는 긴 여행을 할 때	풍경을 보는 것을 좋아한다	여기저기 바쁘게 돌아다니고 싶다	다른 사람들과 이야기하는 것이 좋다
나는 여가시간에	밖에 나가서 노는 것을 좋아한다	TV나 영화 보는 것을 좋아한다	음악 듣는 것을 좋아한다

A	V	K
A	K	V
K	A	V
V	K	A
A	V	A

※ A : 청각 발달 / K : 체각 발달 / V : 시각 발달

아래의 QR코드를 통해 좀 더 자세한 테스트도 할 수 있습니다. 모든 점수를 다 합쳤을 때 100이 되는 것이 아닙니다. 한 감각의 점수가 50 이상이면 그 감각이 발달했다고 말할 수 있습니다. 하지만 시각 : 청각 : 체각 = 20 : 30 : 15 이렇게 나왔을 때는 청각형이라고 말하기 힘듭니다. 그냥 전반적으로 감각이 예민하지 않은 거예요. 우리는 소리 훈련을 통해서 모든 감각을 끌어올릴 것입니다. 모든 감각 유형에게 좋은 훈련법은 훈련을 할 때 소리 이론을 먼저 배워서 이해하고, 배운 이론대로 소리가 나오는지 들으면서 점점 청각을 깨우고, 손이나 몸을 움직이면서 체각을 발달시키는 것입니다.

소리튠 영어 - 선호 감각 체계 테스트

시각형인 당신이 지금까지 영알못이었던 이유
– '듣고 따라 하세요'가 안 된다! –

선호 감각 체계 테스트, 해보셨나요? 아마 절반 이상 시각형이 나오셨을 것입니다. 시각형, 특히 음치, 박치를 동반한 시각형 분들에게는 '듣고 따라 해보세요' 방식이 통하지 않습니다. 영어에 좌절한 많은 분들이 사실 시각형이죠. 청각형과는 달리 단순히 듣기만 해서는 리듬이 느껴지지 않기 때문입니다.

시각형은 '리듬이 저렇게 만들어지는구나.' 하는 정확한 원인과 방식을 알려주면 소리를 듣지 않아도 영어의 리듬을 이해하기 시작합니다. 저는 시각형인 분들에게 훈련할 때 문장도 한 단어로 써붙여놓으라고 합니다. 'Iloveyou' 이렇게 붙여놓는 거죠. 시각형들은 눈으로 봤을 때 단어가 3개이면 "단어가 3개인데 왜 한 단어 리듬처럼 하라는 거야?" 합니다. 머리로는 이해해도 소리가 못 따라줍니다.

그래서 이런 분들은 시각적으로 "한 단어야!"라고 뇌를 속이도록 하는 것입니다.

　대신 시각형 분들은 책 한 권 외웠을 때 알아서 표현을 응용하시는 분들이 많습니다. 한국어 어휘 구사력이 좋아서 한번 탄력을 받으면 외국어 능력도 쭉쭉 올라가십니다. 시각형이라고 좌절하지 말고, 시각형이든 청각형이든 반드시 되게 하는 '소리튜닝'으로 유창한 영어를 만들어 봅시다!

- 3 -

하나하나 또박또박 들으려는 강박은
방해만 된다

단어가 있는데 어떻게 소리를 안 내요?

지금 책을 읽고 있는 사람들 2명 중 1명은 시각형일 것입니다. 이 시각형의 가장 큰 특징 중 하나는 '눈에 보이는 모든 단어는 다 들려야 하고, 눈에 보이는 단어는 다 소리 내야 한다'고 생각하는 거죠. 이들은 영화나 미드를 섀도잉하거나 딕테이션 공부를 하면 미치기 일보 직전까지 갑니다.

"100번을 들어도 안 들리는데, 왜 이 소리가 있다는 거야?"

말할 때도 마찬가지입니다. 눈에 보이는 모든 단어를 다 똑같은 힘으로 다 소리를 내줘야 될 것 같다는 생각에 사로잡힙니다. 처음에는 아무리 코칭을 해도 잘 고쳐지지 않습니다.

"머리로는 이해하는데, 눈에 보이면 다 소리를 내줘야 할 것 같아요."

이게 바로 하나하나 또박또박 들으려는 강박입니다. 이런 강박은 원어민과 대화를 하거나 영화를 볼 때 이해를 힘들게 합니다. 원어민은 빠르게 말하는데, 들리는 단어 하나하나 뜻을 생각하다 보면 끝까지 집중하기가 힘들죠. 이해하기 힘드니 중반부터 마음은 안드로메다로 가버리게 됩니다.

이를 해결하기 위해서는 영어 소리에 대한 이해가 필요합니다. 영어 소리에 대한 이해를 제대로 하면 '또박또박 말하고 듣지 않아도 되는구나.' 하면서 오히려 안도감이 들 거예요. 영어 소리의 가장 큰 특징은 한 문장을 만드는 각각의 단어들의 중요함에 차이가 있다는 것입니다. 중요한 정보가 있고, 안 들어도 되는 정보가 있는 거죠. 한국어를 말할 때는 중요한 말과 중요하지 않은 말을 똑같이 소리 냅니다. 그래서 들리기에 평이하고 리듬이 느껴지지 않습니다. 그에 비해, 영어는 중요한 단어와 문장을 만들기 위해 기능적으로 필요한 단어를 구분합니다. 영어는 중요한 단어만 정박으로 처리하고 중요하지 않으면 엇박으로 대충 처리합니다. 그래서 영어 소리에는 리듬이 느껴지는 것이죠.

요즘 TV나 영화, 예능, 유튜브에서 많은 외국인들이 한국 음식을 먹으면서 이렇게 말합니다.

'맛있어요!'

글로만 봐도 리듬이 느껴지죠? 많이 들어봤을 것입니다. 재수 없는 버터 발음을 하는 것이 아니라, 영어의 리듬을 적용해서 그렇게 소리 내는 것입니다. 우리 입장에서는 리듬이라는 게, 따라 하기 거북한 느낌이 있습니다. 간혹 제 유튜브 채널에도 '버터 발음 가르치지 마.' 하는 댓글이 달리기도 합니다. 저는 발음이 아니라 강세와 리듬을 가르쳤을 뿐인데 버터 발음이라고 생각하는 거죠.

그런데 버터 발음이라고 치부하는 이 느낌은 효율적으로 말하고 듣는 방법입니다. 원어민들은 영어를 이해할 때 강세로 이해합니다. 예를 들어, '맛 있 어 요'를 다 들어서 이해하는 것이 아니라 '있'과 '요'를 통해서 전체 문장을 인식하는 것입니다. 그래서 이들은 그렇게 소리 내죠. spaghetti(스파게티)라는 단어도 정말로 '스 파 게 티'가 또박또박 들려서 스파게티라고 인지하는 것이 아닙니다.

spa**ghe**tti

강세 음절인 '게'를 통해서 '스파게티'라는 단어를 유추하는 식입니다. 그래서 스파게티를 어떻게 발음하든 별로 상관이 없습니다.

바**게**티
스파스**게**티
스프**게**티

이렇게 소리 내도 어차피 '게'를 통해서 전체 단어를 유추합니다. 그런데 오히려

스 파 게 티

이렇게 또박또박 소리 내면 그들은 알아듣지 못할 수 있죠. 문장도 마찬가지입니다.

Can I get a Coffee?

이 문장에서 중요한 정보는 무엇인가요? 상대방에게 무엇을 원하나요? 가장 중요한 단어는 coffee입니다. 그리고 그것을 '달라'고 해야 하므로 get이라는 단어 역시 중요합니다.

Can I get a Coffee?

coffee에서도 강세인 co를 통해 coffee라는 단어를 유추합니다. 그러니 실제로 들리는 건 get과 co죠. 이런 소리의 효율성을 이해하지 않고, 계속 '캔 아 이 겟 어 커 피?'라고 한국어처럼 소리를 내면 아마도 계속 원어민의 'Sorry?'와 'Pardon?' 콤비를 만나게 될 것입니다.

여러 단어를 한 번에, 소리 블록으로 받아들여라

원어민에게 받아쓰기를 해달라고 하면 대부분 이렇게 말합니다.

"내가 듣기에는 이렇게 말한 것 같은데, 앞뒤 문맥을 봐야 정확할 것 같아."

'들리는 대로 쓰면 되는데 왜 문맥이 필요하지?' 한국인인 우리로서는 이해하기 어렵지만, 영어 원어민들에게는 당연한 일입니다. 강세와 정황으로 이해하고 나머지 소리들은 유추하면서 듣기 때문입니다. 그들의 머릿속에는 크게 잘 들리는 소리를 통해 문장을 자동 완성시켜주는 시스템이 있다고 생각하면 편합니다. 그들처럼 말하고 들으려면 우리도 그렇게 듣고 말해야겠죠.

어찌 보면 원어민이 단어 하나하나를 또박또박 소리 내지 않는다는 사실은, 우리에게 큰 자유입니다. 그 단어들을 다 들으려고 애쓰지 않아도 되기 때문입니다.

듣고 말할 때 바로 의미를 파악할 수 있는 방법은 '소리 블록'으로 훈련하는 것입니다. 단어로 접근하면 원어민의 빠른 속도를 따라가기 어렵고, 잘 외워지지도 않으며 말하기도 어렵습니다.

BB (Beginning Block, 시작 블록)	CB (Core Block, 중심 블록)	DB (Detailed Block, 상세 블록)

단어로 튜닝하는 것이 아니라 이렇게 세 가지 블록으로 나눠서 튜닝합니다. 좋은 소리로 튜닝된 블록이 많으면 많을수록 유창해집니다. 이런 식으로 하면 영어를 처음 배우는 초등학생부터 80대 어르신들까지 모두 재미있고 효과적으로 영어를 할 수 있게 됩니다.

소리 블록, 영어 혁명입니다! 들려요! 들리네요!

"영어 혁명입니다. 들려요. 들리네요. 정말 놀라워요!"
"블록 시리즈로 계속해주세요. 아는 단어가 너무 안 들렸었는데,

와우! 블록 시리즈 최고네요."

"갓주아 최고예요. 이런 식으로 가르쳐준 사람은 한 번도 없었는데…."

"내가 원하던 리스닝&스피킹 훈련이 이런 거야…."

유튜브에서 '소리 블록' 영어 튜닝법을 알려준 후 많은 분들에게 좋은 피드백을 많이 받았어요. 그중 가장 인상 깊었던 댓글은 어느 초등학생 5학년 친구의 댓글이었습니다.

"원래 제가 혼자서 공부할 때는 '이스 잇 오케이 이프 아이 싯?' 처럼 단어 하나하나씩 딱딱하게 외워야 잘 암기가 되고 실전에도 잘 알아듣고 사용할 수 있겠지 생각했어요. 그런데 갓주아쌤 영상에서 설명대로 들어보니 너무 잘 들려요. 영어학원에서 칭찬도 많이 들어서 너무 좋았어요."

마음도 의지도 참 예쁘죠. 초등 5학년 친구도 이렇게 열심히 하고 있습니다. 소리 블록으로 해야 잘 들리고 잘 말할 수 있음을 금방 깨달았죠.

기본적인 소리튜닝 방법에 따라 영어 소리를 귀와 입에 튜닝시키되, 많이 쓰이는 영어 블록들을 입과 귀에 훈련시켜야 유창하게 말하고 듣기가 가능해집니다.

다음 문장들의 중요한 단어를
표시해보세요.

중심 블록을 어떻게 알 수 있을까요? 이 문장에서 가장 핵심이 되는 정보의 동사를 찾아서 그 동사부터 중심 블록으로 나누면 됩니다. 다음 문장에서 중심 블록을 찾아 형광펜으로 표시합니다.

1. Do I have to do everything?

2. Let's run around the track.

3. Why don't you join me?

4. Did you enjoy the meal?

5. Do you want me to pick up the kids?

〈정답〉

1. Do I have to do everything?
2. Let's run around the track.
3. Why don't you join me?
4. Did you enjoy the meal?
5. Do you want me to pick up the kids?

- 4 -

단어 수천 개를 외웠는데 한 마디도
못 하는 억울함

왜 저는 외국 나가면 한마디도 못 할까요?

"선생님, 저는 완전 영알못이에요. 나름 대학도 나오고 토익 공부도 했지만 문법도 잘 몰라요. 이 프로그램을 제가 따라갈 수 있을까요?"

"고등학교를 졸업하셨다면 적어도 3,000단어 이상은 아신다는 거예요. 그럼 초보가 아니시죠!"

제가 이렇게 대답하면 보통 깜짝 놀라면서 이야기합니다.

"어, 제가 생각보다 단어를 많이 아네요. 그런데 왜 저는 한마디도 못 할까요?"

한국 사람들은 영어 단어를 정말 많이 압니다. 영어권이 아닌 나라들 중에서는 최고로 많이 알 거예요. 심지어 자기가 초보라고 생각하는 사람들이라도 문법이나 단어는 미국인보다 월등히 잘 알기도 합니다.

우리나라 교육청에서 제시하는 초등학생 필수 단어는 800개입니다. 그리고 수능에서 고득점을 맞기 위해서는 5,000단어 이상을 알아야 합니다. 그런데 실상 미국 사람들의 일상 영어 중에 65%는 300개 단어로 이루어져 있다고 합니다. 그리고 90%는 2,000개의 단어 내에서 해결된다고 하죠. 그러니 사실상 2,000개 단어만 제대로 알면 원어민처럼 일상 영어가 가능하다는 것입니다.

어라, 계산이 맞지 않죠. 이 정보대로라면 초등학교를 졸업한 사람들은 이미 65% 이상의 일상 영어가 가능해야 합니다. 고등학교를 졸업한 사람들은 90%의 영어를 할 수 있어야 합니다. 그런데도 65%는커녕 10%의 일상 영어도 못 하는 어른들이 대부분입니다.

단어를 이렇게 많이 아는데, 우리는 왜 영어를 한마디도 내뱉을 수 없을까요?

한 단어로 10개 문장 만들 수 있는 인풋 쌓기 방법!

학원에서 초등학생 1학년을 가르쳤던 적이 있는데, 토플 단어를 하루에 100개씩 외우게 시켰습니다. 당시에는 학원의 지시사항에 따를 수밖에 없었지만 아이들을 단어로 고문하는 죄책감에 3개월밖에 근무를 못 했어요. 이제 한국어를 정식으로 배우기 시작하는 단계인 초등학생 1학년들에게 외국의 대학 입학을 위해서 만들어진 토플 시험 단어들을 100개씩 외우게 하는 것이 도무지 제 상식에서는 이해가 안 갔거든요. 그런데 신기한 것은 아이들이 다들 100점을 받아 온다는 것이었습니다. 매일 100점을 받는 친구에게 물어본 적이 있습니다.

"C양아. 너 여기에 쓰여 있는 한국어 뜻이 뭔지는 알아?"

그랬더니 해맑게 대답하기를,

"아니요. 그냥 그림 맞추기처럼 외우는 거예요. 무슨 뜻인지 몰라도 100점 맞아야 하니까요."

우리는 어렸을 때부터 한국어와 영어, 1:1 매칭식으로 단어를 외웠습니다. 이렇게 외우면 절대로 영어로 말할 수가 없습니다. 먼저 영어에는 기본 동사로 이뤄지는 구동사가 많다는 것을 알아야 합니다. take라는 기본 동사를 예를 들자면, '~를 닮다'라는 의미를 갖는 take after라는 구동사가 되는데, 엄연히 '닮다'라는 뜻을 가진 resemble이라는 단어가 있지만 take after를 더 많이 씁니다. 하지만 우리는 take라는 단어가 그렇게 쓰일 수 있다는 것조차 모릅니다. 그러니 5,000개 단어 이상을 알아도 외국에서 주문조차 힘든 것이죠.

establish의 뜻을 알고 계실 겁니다. '설립하다'라는 뜻이죠. 그런데 이 단어로 바로 10문장만 만들어볼 수 있나요? 당황스러우시죠? 아는 단어라고 하려면, 뜻을 알고, 그 단어로 망설임 없이 10개 정도 문장을 술술 만들 수 있어야 합니다. 우리가 알고 있다고 생각했던 단어들은 정말로 아는 것이 아닙니다.

이전에 establish라는 단어를 갖고 제대로 공부하는 방식의 영상을 찍은 적이 있었는데, 반응이 폭발적이었습니다.

"와, 단어를 확장한다는 게 이런 느낌이구나…! 하고 느꼈어요! 마지막 부분에 영어 예문도 더할 나위 없이 많은 도움이 돼요. 쌤 수업은 사랑입니다."

"단어 인풋 쌓기, 정말 도움 되는 콘텐츠입니다. 단어에 대한 느낌이 3차원으로 확장되는 느낌. 앞으로 계속 이어졌으면 합니다."

이제부터 모르는 단어를 봤을 때 내 것으로 만드는, 많은 분들이 감탄하셨던 단어 인풋 쌓기 절차를 설명해보겠습니다. 모르는 단어를 보면 뜻을 찾고 끝내는 게 아니라 이제부터 이렇게 하시는 거예요.

1. 단어의 발음기호를 본다.

  - 발음과 강세, 소리를 어떻게 내는 것인지 확인하고 소리부터 익숙하게 입으로 귀로 훈련해야 한다. 이때 발음기호를 해독할 수 있는 능력이 있어야 한다. 이 능력을 배우는 과정은 영어 소리튜닝 법칙에 포함되어 있다.

2. 뜻을 확인한다.

  - 보통 영어의 짜증 나는 부분 중 하나는 한 단어가 여러 가지 뜻을 갖고 있는 것이다. 대표적으로 많이 쓰이는 단어 뜻을 1, 2, 3 위로 확인한다.

3. 각각의 뜻에 같이 있는 예시 문장을 읽어본다.

4. Youglish(유글리시) 사이트

  - 유글리시 사이트에서 이 단어를 찾아보고 이 단어 중심으로 어떤 단어들이 같이 많이 쓰였는지 듣고 해석해본다. 보통 20개 정도 들어보면 많이 쓰이는 뜻과 많이 쓰이는 단어를 알 수 있다.

유글리시 사이트

5. 단어장 앱에 문장 단위로 저장한다.

– 수많은 단어장 앱 중 내가 가장 쓰기 편한 앱을 하나 고르면 된다. 수첩에 써도 괜찮다. 나는 개인적으로 quizlet(퀴즐렛) 앱을 많이 쓴다. 다른 사람들과 서로의 단어장을 공유하고 같이 만들어갈 수도 있어서 스터디원들과 같이 공부한다면 이 앱을 추천한다.

'establish'라는 단어를 제대로 공부해봐요!

단어 2,000개, 든든한 영어 기둥을 쌓아라

하루에 5단어씩만 이렇게 공부해도 1년 정도면 2,000단어 정도는 훈련할 수 있습니다. 일단 2,000단어의 기둥을 제대로 만들어놓고, 여기서 선택하시면 됩니다.

2,000단어 정도 제대로 해서 의사소통에 무리 없게 할 것인지,

원어민과 특정 주제에 대해 깊은 대화가 가능하게까지 파볼 것인지.

특정 주제에 대해 깊게 가볼 생각이라면, 영화든 책이든 테드(Ted)든 본인이 좋아하는 콘텐츠의 자료를 즐기면서 새로운 단어를 같은 방식으로 훈련해나가면 됩니다. 경제에 관심이 있다면 경제 뉴스를 듣고, 동물에 관심이 있다면 동물 관련 프로그램을 보면 되겠죠. 한국어로 이야기 나누고 싶은 주제를 영어로 접하시면 됩니다.

영어는 평생의 습관입니다. 한 번에 만리장성을 쌓으려고 하지 마세요. 조금씩 제대로 소화하면서 진행하는 것입니다. 욕심내지 말고 하루에 한 단어만이라도 놀아보세요. 단어를 제대로 공부한다는 것이 어떤 의미인지 아실 수 있을 겁니다.

실제로 원어민이 쓰지도 않는 어려운 표현을 새로 배우는 것보다 기본 2,000단어를 입으로 귀로 깊게 훈련해야 합니다. 콜로케이션(Collocation, 흔히 많이 쓰이는 단어들의 결합)을 공부하면서 10문장을 만드는 훈련을 해야 합니다. 영어는 단어 단위가 아니라 '소리 블록' 단위로 훈련해야 하는 이유가 바로 이것입니다.

우리에게 필요한 것은 더 많은 단어와 문법 공부가 아니라, 이미 알고 있는 단어와 문법을 깊게 가지고 노는 시간입니다.

아는 단어들을 체크해보세요

아는 단어가 정말 아는 단어인가요? 아래에 기본 단어 3개가 있습니다. 각각 문장을 떠오르는 대로 써봅시다. 10문장을 채우지 못한다면, 정말 여러분이 아는 단어가 아닌 것입니다.

1. develop

2. exist

3. require

Q. 토익 점수가 500도 안 돼요.
소리튜닝해도 되나요?

A. 토익에도 듣기 분야가 있지만 말하기에 비하면 암기, 시험 문제 풀이라고 할 수 있습니다.

소리튜닝은 시험을 위한 공부가 아니라 영어로 의사소통을 하기 위한 훈련입니다. 토익을 전혀 못 해도 좋습니다. 토익을 잘하는 사람 중에서도 스피킹은 한마디조차 안 되는 사람들이 수두룩합니다.

앞에서도 이야기했지만, 단순 계산에 따르면 토익이 문제가 아닙니다. 우리는 고등학교만 졸업했어도 지금보다는 나은 스피킹을 했어야 하니까요!

스피킹은 수능, 토익 그 어떤 성적과도 다른 문제입니다.

어쩌면 당신은 토익이 아니라 오히려 스피킹에 재능이 있는 사람일지도 모를 일입니다. 그런데 아직 재능을 꽃피우지 못했을 뿐일 수도 있죠.

두근거리지 않나요? 지금 당장 소리튜닝을 시작하세요!

- 5 -

영어 공부가 매번 작심삼일로
흐지부지되는 이유

영어, 사실은 별로 절실하지 않으시죠?

"선생님, 영어를 잘하는 방법이 뭐예요?"

저는 주저 없이 대답합니다.

"영어를 잘하고 싶은 만큼 영어를 사랑해보세요. 영어를 내 인생에서 한 번쯤은 1순위로 만들어주세요. 영어는 사랑해주는 만큼 나에게 보답합니다."

주변에 영어를 잘한다 하는 사람들을 떠올려보세요. 그 사람은 인생에서 영어를 1순위로 놓고 훈련한 적이 한 번쯤은 있을 겁니다. 아무것도 안 했는데 잘하게 된 경우는 어렸을 때부터 외국에서 오래 산 경우뿐입니다. 우리는 살기 바쁩니다. 할 일도 많아요. 영어가 중요한 것을 압니다. 잘하고 싶습니다. 그런데 계속 우선순위에서 밀립니다. 대한민국 대부분 사람들의 버킷리스트에는 놀랍게도 남녀노소 할 것 없이 10위권 내에 '영어 마스터하기', '영어 잘하기'가 있습니다. 죽기 전에 이루고 싶은 꿈, 우리에게 영어는 그런 존재입니다. 열심히 공부하고 싶지는 않지만 그냥 저절로 잘하게 됐으면 하는 것이죠.

제가 영어를 가르치면서 느끼는 것은 대부분의 사람들에게 영어가 그리 절실하지 않다는 것입니다. 운동과 같아 보입니다. 건강이 중요한 것도 알고 관리해야 하는 것도 알지만, 오늘 당장 운동을 하는 사람은 많지 않습니다. 정말 절실한 사람만이 매일매일 운동을 하고 관리하죠. 영어도 마찬가지입니다. 중요한 것도 알고 잘하고 싶은 마음도 있습니다. 그러나 갑작스러운 해외 출장이나 유학, 외국계 기업으로의 이직과 같은 극한 상황이 생겼을 때가 되어서야 마음을 먹게 됩니다.

"진짜로 영어를 공부해야겠다!"

당장 영어를 못하면 삶이 힘들어지는 분들이 정말 절실하게 하십니다.

특별히 따로 동기 부여나 마인드 코칭을 하지 않아도 알아서 하시는 분들이죠. 하지만 이런 분들보다는 그렇지 않은 분들이 많습니다. 한국에 살고 있고, 주변엔 한국인뿐이고, 가끔 외국인과 소통해야 하지만 번역기나 통역 어플로 충분하다면 영어 훈련을 지속하는 것이 힘듭니다.

생각만 해도 마음에 불을 지필 강력한 동기를 만들어내라

저는 수강생분들에게 항상 영어 공부를 하고 싶은 동기를 쓰라고 합니다. 대단한 동기가 아니어도 좋습니다. 진짜 마음에 불을 지필 수 있는 동기를 만들어내야 합니다. 한 수강생분의 동기는 이랬습니다.

"해외여행 갈 때마다 저를 무시하는 남편의 코를 납작하게 해주고 싶어요. 남편을 이기는 것이 제 목표입니다. 해외여행 가서 남편 대신 제가 다 영어로 할 거예요."

그분에게 이보다 강력한 동기가 또 있을까요? 그분이 영어 훈련하는 모습을 보고 남편이 지나가면서 무시하는 말 한마디를 할 때마다 동기는 더 강력해지셨을 것입니다. 영어를 잘하고 싶은 상황을 떠올려봅시다. 여러분은 어떤 상황에서 영어를 잘하고 싶다는 생각을 하셨나요? 그게 정말로 영어를 잘하고 싶은 진짜 동기입니다.

"영어를 잘해놓으면 언젠가는 도움이 될 것 같아서요."

이런 동기는 매우 약한 동기죠. 생각만 해도 당장 영어를 잘하고 싶어지게 만드는 강력한 동기를 만들어냅시다. 가수 김종국 님이 영어를 하는 모습을 본 적이 있으신가요? 원어민들 사이에서 자신감 넘치게 영어로 소통하는 모습이 인상적입니다. 운동을 많이 해서 몸이 좋기로도 유명한 그는 이런 말을 했습니다.

"운동과 영어는 똑같은 것 같아요. 하루아침에 만들어지지 않고, 꾸준히 해야 해요."

김종국 님은 운동을 시작한 이후 단 하루도 헬스를 빼먹은 적이 없다고 합니다. 이런 끈기를 영어에도 적용한 것인지, 그의 영어는 빠르게 유창해졌습니다. 영어와 운동의 공통점은 많습니다. 재능보다 누가 얼마나 꾸준히 훈련했느냐가 중요합니다. 절실하지 않으면 꾸준히 하기 힘들죠.

끝까지 할 수 있게, 안 하면 찜찜할 정도로 습관이 되도록!

저에게 있어서 영어를 가르치는 것보다 더 중요한 것은 동기 부여입니다. 계속 훈련할 수 있게끔 연구하는 것이죠. 다이어트나 헬스 업체들을 보면 지속할 수 있게 만드는 많은 장치들을 마련해놓았는데, 그에 비해 영어 학원이나 프로그램들은 강의와 훈련에만 관심이 있어 보입니다. 제대로 수업을 이수하지 못하면 수강생이 게으른 탓이라고 하죠. 수강생 자신도 그렇게 생각합니다. 저는 〈소리튠 영어〉를 만들 때 곳곳에 동기 부여 장치들을 마련했습니다. 매일의 미션은 오늘 나의 다짐을 쓰는 것에서부터 시작합니다. 마인드 트레이닝을 위한 글이나 영상을 마련했고, 오늘의 미션을 다 끝내면 달력에 멋있게 X 표시가 채워지게 만들었습니다. 그리고 미션을 7일 연속 완수하면 포인트 선물을 주고, 회원의 이름으로 아프리카에 기부가 됩니다. '내가 훈련을 안 하면 지구 반대편에 있는 아이들이 밥을 굶는다'는 생각에 8살 친구들도 열심히 훈련을 하죠. 소리를 마스터 한 수강생분들이 이런 후기들을 씁니다.

> "온라인 오프라인 통틀어서 완강해보기는 처음이에요!"
> "나는 내가 의지박약이라고 생각하며 평생을 살았는데 고작 1년 만에 이런 모습으로 변화될 줄은 정말 몰랐다. 나도 했으니 누구나 다 할 수 있다."

소리튠의 휴먼 코치님들은 수강생과 같은 길을 겪었던 분들이라 수강생의 마음을 잘 압니다. 어느 부분에서 힘든지 짚어내고 동기 부여를 해주시죠. 저는 아무리 온라인이 편하고 좋아도 인간의 터치가 있어야 한다고 생각합니다. 수강생 A님은 둘째를 임신한 상태에서 과정을 시작했습니다. 첫째 아이를 돌보며 일도 하는 바쁘고 힘든 상황에서도 과정을 성공적으로 이수했고, 이제는 아이를 키우면서 소리튠 코치로서 활동하고 있습니다.

〈소리튠 영어〉의 가장 큰 장점은 '마인드 코칭'입니다. 사실 하라는 대로 전부 할 수 있으면 대한민국 사람들 다 원어민처럼 술술 말하겠죠. 근데 우리는 우리 자신을 너무 잘 압니다. 자기 자신을 채찍질할 정도로 모진 사람이 아니라는 것을, 그리고 타협을 아주 좋아한다는 것을. 이때 코치님들이 자기 자신을 극복하고 어떻게든 연습을 하게 만들어주는데, 이것이 바로 마인드 코칭입니다. 나 혼자 주저앉아 있을 때, 같이 하는 사람들이 있음을 일깨워주고, 가슴이 뜨거워지는 내용의 문장들로 일으켜줍니다. 연습이 습관이 될 때까지 적극 도와주고 있죠.

운동을 매일 하는 사람들은 운동을 하루라도 안 하면 몸이 뻐근해서 운동을 한다고 합니다. 무언가 습관으로 만들어진다는 것은 그런 것입니다. 그 행동을 하지 않았을 때 불편하게 느껴지는 것이죠. 마치 우리가 칫솔질을 하지 않고 자면 찝찝하다고 느끼는 것과 같은 이치입니다. 목표는 짧게 짧게 잡으세요. 3일이나 7일 간격으로 짧게 목표를 잡고 그 단위를 쌓아가는 식이 훨씬 좋습니다. 언젠가 여러분도 "소리튜닝을 하지 않았더니 찝찝해서 안 되겠어! 5분이라도 해야지!" 하는 날이 올 것입니다. 그러면 영어를 잘하게 되는 건 시간 문제겠죠.

가슴에 불을 지피는 동기를
찾아보세요

1. 공통 미션 5개를 달성해봅시다.

1) 자기소개를 영어로 써보고(파파고 도움받아도 됨) 소리 훈련해서 툭 치면 나올 때까지 연습하기. 그리고 인스타그램이나 〈소리튠 영어〉 카페에 올리기! #갓주아 #소리튠영어 #소리튠영어 혁명 #공통 미션

2) 한 달간 말도 안 되는 영어라도 오늘 하루를 영어로 말해보기. 〈소리튠 영어〉 카페에 '영어로 말하는 Diary' 코너에 올리기!

3) 지금 당장 『100일이면 나도 영어천재』 1권 시작하면서 〈소리튠 영어〉 카페에 훈련 영상이나 음성 올리기!

4) 기본 2,000단어를 갖고 10문장씩 만들기!

5) 어린이용 쉬운 책을 갖고 문장 확장 놀이하기!

2. 나만의 미션을 써봅시다.

....

....

....

....

....

....

....

Q. 영어를 놓은 지 10년이 넘었어요.
저도 될까요?

A. 모든 아기들은 아무것도 모르는 상태에서 언어를 배우기 시작합니다. 소리튜닝은 아기들이 모국어를 배우는 과정을 흉내 내는 훈련입니다. 20세든 60세든, 영어를 얼마나 하든 아무런 상관이 없습니다.

이제 막 태어난 아기라는 마음으로 시작하세요.

"너무 늦은 것 아닐까?"
"하나도 안 느는 것 같아. 못 하겠어."

공부를 하면서 부정적인 감정이 드는 것은 어쩔 수 없습니다. 그 늪에서 빠져나오기 위해서는 꾸준히 동기 부여하고 긍정적인 마음을 가지도록 노력해야 합니다.

"할 수 있어!"

"어제보다 훨씬 나아졌는데!"

긍정적으로 표현하고, 긍정적인 말을 찾아 필사하세요. 긍정적인 영어 표현을 찾아본다면 금상첨화겠죠!

영어 공부, 아무리 해도 늘지 않는 사람 특징 4가지!

SORITUNE ENGLISH REVOLUTION

SORITUNE ENGLISH REVOLUTION

2장

귀가 트이고
입이 뚫리는

소리튜닝
2가지 핵심 원리

<소리튠 영어 혁명> 영어천재로 가는 마인드 코칭

이제는 누구나, 모두가 다 잘할 수 있는 방법으로 해보세요.
소리튜닝과 소리 블록만 있으면 영어가 만만해질 것입니다.

우리는 '소리튜닝'과 '소리 블록',
이 기본 기둥 2개로 유창해질 것입니다.

- 1 -

아는 소리와 들리는 소리의
괴리감을 줄여라

듣기 평가가 아니라 원어민 말을 들을 수 있나요?

"선생님, 저는 말하기는 바라지도 않고요. 뭐라고 하는지 들리기라도 했으면 좋겠어요. '내가 이러려고 대학 나왔나' 자괴감이 들어요. 수능 시험 듣기 평가는 만점 나왔는데 왜 막상 해외에 가면 하나도 안 들릴까요?"

제가 가장 많이 듣는 질문은 영어 말하기보다 듣기에 대한 것입니다. 말하기는 고사하고 듣기도 안 되는 현실에 대한 답답함이죠.

첫 해외여행에서 충격을 받는 분들이 많습니다. 영어 시험 성적도 좋고 나름 영어를 잘한다고 생각했는데, 막상 해외에 가서 뭐라고 하는지도 듣지 못하는 현실에 좌절하는 것입니다.

수강생 K님의 첫 미국 여행기를 들은 적이 있습니다. 나름 여행을 위해 영어 공부를 하고 갔는데, 공항 입국 심사대에서부터 막혔다고 합니다. 다행히 입국 질문은 따로 공부해갔기 때문에 안 들려도 눈치로 통과할 수 있었는데, 문제는 그다음부터였다고 하셨어요. 정말 쉬운 영어도 안 들릴 수 있다는 것을 뼈저리게 느꼈다고 하셨죠.

"거리에서 버스를 기다리고 있는데 어떤 흑인 친구가 저에게 뭐라고 하면서 다가오더라구요. 순간 전혀 못 알아듣겠어서 무조건 'No!'를 외쳤어요. 그랬더니 'Okay~' 하고 가더라구요. 놀란 마음을 진정시키려고 친구에게 문자를 하는데, 갑자기 다시 다가오는 거예요. 그러면서 제 핸드폰을 가리키면서 따지듯이 또 뭐라고 말했어요. 그때서야 문득 '아, 아까 몇 시냐고 물어본 거였구나.' 하는 생각이 들면서 너무 부끄러웠어요. 'What time is it?'도 못 알아듣다니!"

우리는 '왓 타 임 이 즈 잇?'으로 배웠는데, 원어민이 그렇게 말하지는 않았겠죠.

왓타임이짓?

우리 입장에서는 '타'만 들리는 느낌이니 무슨 말인지 전혀 캐치하지 못할 수 있습니다. 아는 표현인데도 안 들리는 가장 큰 이유는 '괴리감'입니다. 우리가 예상하는 소리와 원어민이 실제로 내는 소리가 다르기 때문이죠. 아무리 표현을 많이 외우고, 아무리 문법을 공부해도 들리지 않습니다.

영어 소리 자체에 대한 훈련이 필요합니다. 수능에 나오는 정도의 '영어 듣기' 시험 정도를 듣기 위한 것이 아니라 진짜 원어민 속도의 자연스러운 영어를 편하게 듣고 이해하기 위한 것입니다.

한국어에는 없고 영어에는 있는 발음기호, 강세, 리듬

뉴질랜드에 사시는 수강생분은 이런 말씀을 하셨습니다.

"제가 집에서 소리튠 훈련 과제를 하고 있는데, 뉴질랜드에서 초등학교 1학년인 딸이 학교 과제라면서 저하고 같은 훈련을 하고 있더라고요. 그래서 원어민도 이런 소리 교육을 하는구나 싶었어요."

원어민조차 학교에서 각각의 소리들이 어떻게 나는지 영어 소리 교육을 받고 훈련을 합니다. 영어는 글자대로 소리 나지 않습니다. 그래서 영어 사전에는 발음기호가 반드시 있죠. 그런데 이렇게 중요한 발음기호를 배워본 적이 있으신가요? 학교에서도, 학원에서도 영어 소리 훈련을 '하면 좋지만 안 해도 되는 인테리어'쯤으로 생각합니다. 이러한 생각에서 먼저 벗어나야 합니다. 원어민도 해야 하는 소리 교육을 외국인인 우리가 받지 않고 어떻게 영어를 잘할 수 있을까요?

한국인과 일본인이 영어에 투자하는 돈이 세계 1, 2위를 다투지만 세계에서 가장 못하는 1, 2위인 이유도 소리에 있습니다. 가장 크게 다른 점을 예로 든다면 리듬과 강세입니다. 영어에는 단어 하나에서뿐만 아니라 문장에서도 마찬가지로 강조해야 하는 소리와 힘 빼야 하는 소리가 있지만, 일본인이나 한국인 입장에서는 충격적인 일입니다. 영어에는 강세가 있다 보니 자연스럽게 리듬도 생깁니다. 한국어는 모든 소리가 정박인데, 영어에는 엇박이 있습니다. 소리의 가장 최소 단위인 '음소의 발음'을 하나씩 배우고 훈련하는 것 말고도 '강세'에 대한 이해도 중요하겠죠.

이뿐만 아니라 영어 소리는 모든 면에서 한국어와 너무 다릅니다. 그래서 영어 문법과 표현 공부만 한다면, 여전히 뭔가 부족함이 느껴지고 자신감을 얻을 수 없는 것입니다. 영어 소리 교육은 인생에서 한 번은 꼭 받아야 합니다.

소리튜닝의 첫 번째 기둥, 소리의 괴리감 없애기

영어 소리를 교육한다고 하면 대부분 사람들이 "아, 발음이요?"라고 묻습니다. 하지만 영어 소리를 장착시키기 위해서는 음소의 발음만으로는 부족합니다. 영어 소리튜닝을 위해 훈련해야 할 요소는 발성, 호흡, 음소 발음, 강세 리듬입니다. 하나라도 빼먹어선 효과가 떨어지고, 이를 단계적으로 훈련하는 것이 가장 좋습니다. 음소를 모르는 상태에서 바로 문장을 새도잉하는 것이 아니라, 각각의 요소들을 단계에 따라 체계적으로 훈련할 때 엄청난 변화를 느낄 수 있습니다.

그리고 가능하면 소리 훈련은 실제로 듣고 말하며 피드백을 받으면서 해야 좋습니다. 이론만으로는 아무것도 안 된다는 것을 명심하세요. 반드시 훈련이 있어야 하고, 제대로 하고 있는지 피드백을 받아야 합니다. 이렇게 우리가 아는 소리와 원어민의 소리가 일치되도록 해야 하는 것이죠. 이렇게 하면 영어 소리의 첫 번째 기둥을 만들 수 있게 됩니다.

이렇게 영어 소리 기둥을 만들어놓으면, 한마디를 하더라도 자신감이 쭉쭉 올라갑니다. 단어만 말했을 뿐인데, 주변에서 외국에서 살았는지 물어보고, 아는 문장을 말하면 원어민들이 다 알아듣고, 나에게도 그들의 소리가 귀에 꽂힌다면 어떨까요? 이런 행복감을 상상해보세요. 물론 더 많은 문장을 듣자마자 이해하고 싶다면, 다른 기둥이 하나 더 필요합니다. 이 기둥에 대해서는 다음 챕터에서 이야기해보겠습니다.

다음 간단한 문장들을
듣고, 들리는 그대로 써보세요.

문법, 어순, 단어 신경 쓰지 마세요. 문장이 되지 않아도 됩니다. 가장
크게 들리는 소리는 크게, 작게 들리는 소리는 작게 써봐요.

EX.

1. What time is it?

왓 **타** 임이짓?

MP3 듣기

2. How did you get here?

3. I would like to go home.

....

4. What are you talking about?

....

5. Does anybody know about this?

....

- 2 -

모든 영어를 블록으로 잘라서 받아들여라

단어 20개로 된 문장을 블록 5개로 이해하는 마법

"선생님, 영어로 말할 때 한 단어 말하고 나면 그다음 무슨 말을 해야 할지 막막해요. 머리에서 지진이 나는 것 같아요. 그래서 '어… 어…'를 단어 사이사이마다 넣게 돼요."

제가 예전에 오픽을 가르칠 때, 친구들이 가장 많이 하소연했던 말이 이것입니다. 짧은 시간 내에 성적을 내기 위해서는 획기적인 방법이 필요하겠다고 생각을 했어요. 그래서 그때 모든 주제를 유형화해서 가르쳐 봤습니다. 그랬더니 훈련해야 하는 분량이 확 줄어들었고, 성적이 잘 나오기 시작했습니다. 하지만 그래도 여전히 어려워하는 친구들이 많았습니다. 그래서 그다음부터는 문장을 소리 블록화해서 말하는 훈련을 시켰습니다. 그 후, 영어 말하기를 전혀 못 했던 친구들의 점수가 빵빵 터지기 시작했습니다.

문장을 소리 블록으로 만든다는 것은 흔히 말하는 '의미 블록'을 소리로 인지해서 말하고 듣게 하는 것입니다. 예를 들어볼까요?

I'm going to	start talking	about this	first

노란 블록은 처음 말할 때 많이 쓰는 시작 블록(Beginning Block, BB)
빨간 블록은 가장 중요한 중심 블록(Core Block, CB)
핑크 블록은 상세 블록(Detailed Block, DB)

이렇게 나누고 각 블록의 소리튜닝을 하는 것이 소리 블록을 만드는 방법입니다. 이렇게 하면 각 블록 사이에 '음… 어…' 이런 소리를 넣어도 어색하지 않습니다. 충분히 생각할 시간을 벌 수 있는 것입니다. 게다가 단어 단위로 말하려면 8번을 생각해야 하는데, 소리 블록으로 나누면 4번만 생각하면 됩니다. 듣는 사람 입장에서도 이 편이 훨씬 알아듣기 쉽습니다. 외국인이 "저…음…는…이것…어…을… 먼저…말…음…하려고… 합니다."라고 말하는 것보다는 "저는… 음… 이것을… 어… 먼저 말하려고… 음… 합니다."라고 말하는 것이 훨씬 알아듣기 쉽잖아요.

이 소리 블록 방식은 듣기에서도 적용하면 최고입니다. 저는 가르칠 때, 듣기 수업과 말하기 수업을 나누는 걸 좋아하지 않습니다. 듣기와 말하기는 같이 훈련하기 때문이죠.

어렸을 때 레고 블록 쌓기 놀이 해보셨죠? 형형색색의 레고 블록을 자신이 원하는 모양으로 끼워서 만듭니다. 같은 블록이어도 어떤 블록과 어떻게 끼우냐에 따라서 완전히 다른 결과가 나오죠. 영어도 그렇게 말하고 듣는다고 생각하면 됩니다. 각각 역할이 다른 의미 블록들을 하나하나 소리튜닝 법칙을 통해 훈련시켜 놓으면, 나만의 '소리 블록'이 생기는 것입니다.

그러면 들을 때도 말할 때도 8번 생각하지 않고 통으로 2번만 듣고 이해하게 됩니다. 특히 들을 때, 말이 길어지면 집중력이 떨어져서 정신이 나간다고 하시는 분들이 많아요. 말이 길어지면 단어가 20개 정도 될 텐데, 그 20개 단어를 하나하나 해석하고 하다 보면 당연히 힘들죠. 초반에는 두뇌 풀가동을 해서 듣다가 중반부터는 포기하게 되는 것입니다. 그런데 단어 20개로 이루어진 긴 문장도 블록화하면 결국 4~5개 정도밖에 안 될 때가 많습니다.

소리튜닝의 두 번째 기둥, 소리 블록

그럼 우리가 앞으로 할 일은 뭘까요? 소리튜닝 법칙으로 입과 귀에 입혀놓은 '소리 블록'들을 많이 만들어놓는 것입니다. 이 소리 블록이 많아질수록 영어는 유창해집니다. 이것이 바로 소리튜닝의 두 번째 기둥입니다.

처음에는 가장 기본이 되고 가장 많이 말하는 '중심 블록'을 만듭니다. 어려운 주제보다 먹고사는 것과 연관된 '의식주'를 주제로 한 블록을 많이 만들어놓으면 좋습니다. 그리고 이 중심 블록들을 '시작 블록'들과 이리저리 연결하는 훈련을 합니다. 중심 블록이 다른 블록과 만났을 때 바뀌는 의미를 이해해야 합니다. 가장 덜 중요한 '상세 블록'은 말 그대로 더 구체적인 정보를 주기 위한 블록이죠. 이런 블록들도 많이 쓰이는 것 위주로 만들어놓아야 해요.

이 모든 블록들은 영어 2,000단어 이내에서 만들어집니다. 원어민들이 실제 생활에서 쓰는 단어의 90%가 2,000단어 이내에서 나온다고 앞서 말씀드렸죠. 이 블록들을 만들 때는 콜로케이션(Collocation)을 이용합니다. 콜로케이션이란 단어와 단어가 자연스럽게 어울려 습관적으로 같이 쓰이는 말뭉치예요. 원어민들에게 자연스러운 조합이죠. 이렇게 콜로케이션 기반으로 소리 블록을 완성하면 콩글리시에서 벗어날 수 있습니다. 단어 훈련과 블록 훈련의 실전에 대해서는 3장과 5장에서 더 자세히 다루겠습니다.

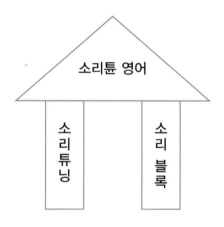

우리는 이렇게 유창해질 것입니다. '소리튜닝'과 '소리 블록', 이 기본 기둥 2개를 만들어놓으면 영어가 만만해질 것입니다. 미드, 리딩, 낭독, 뉴스, 원어민과의 대화…. 물론 모두 다 영어 훈련에 도움 되는 과정들입니다. 하지만 기둥이 없는 상태에서 이런 훈련들을 하면 불안정하고 힘들고, 뭔가 부족한 것 같고, 제대로 활용할 수도 없을 것입니다. 아무리 먹어도 배가 고픈 괴로움에 빠지는 거죠. 매일매일 공부하면서도 계속 자기 자신을 초보라고 말할 거예요.

먼저 기본 기둥을 제대로 만들어놓으세요. 그리고 앞에서 이야기한 과정은 재미있게 즐기며 하면 됩니다. 나에게 맞지 않을지도 모르는 방법으로 헛발질은 그만합시다. 이제는 누구나, 모두가 다 잘할 수 있는 방법으로 해보세요. 소리튜닝과 소리 블록만 있으면 여러분도 '나는 영어를 잘하는 사람이야.'라고 말할 수 있게 됩니다.

소리튜닝 혁명의 두 가지 원리
1. 괴리감 없애기 2. 블록화

긴 문장이 잘 안 들리는 이유, 리스닝이 잘 안 되는 이유는 크게 두 가지가 있습니다.

첫 번째, 기대하는 소릿값과 실제의 소릿값이 너무나도 괴리감이 큰 것이죠.

예를 들어 '아이엠 고잉투'를 기대하고 있는데, 영화에서 '암가나'라고 나오면 괴리감이 너무 크죠. 이 괴리감을 줄여나가는 것이 소리튜닝의 중요한 포인트입니다.

두 번째, 들었는데 이해가 안 가는 경우입니다. 단어는 알겠는데 빨리 빨리 해석이 안 되는 것입니다.

이 문제를 해결하기 위해서는 영어를 블록으로 이해해야 합니다. 말을 할 때도 들을 때도 해야죠. 보통 앞에 있는 시작 블록, 중요한 부분을 말하는 중심 블록, 세부적인 정보를 담은 상세 블록이 모여서 문장을 만듭니다. 단어로 이해하면 23번 생각해야 하는 문장도, 블록으로 이해하면 6번만 이해하면 됩니다.

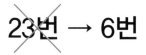

긴 영어 문장도 무조건 해석이 되는 최고의 리스닝 공부법

SORITUNE ENGLISH REVOLUTION

SORITUNE ENGLISH REVOLUTION

3장

___

영알못을
영어천재로 만드는

소리튜닝
7가지 실행 법칙

<소리튠 영어 혁명> 영어천재로 가는 마인드 코칭

영어의 기본 두 축이 만들어지면 입과 귀를 훈련해야 합니다.
몸이 기억해야 해요. 소리튜닝의 기초적이면서
핵심적인 7가지 실행 법칙을 소개합니다.

이 책을 읽고 있는 여러분부터 시작하면 좋겠습니다.

-1-

발성과 호흡을 잡아라 :
영어는 아↘하고, 한국어는 아↗한다

한국어 사이에서도 귀에 꽂히는 영어 소리

성우, 아나운서, 가수, 성악가, 쇼호스트들이 말하는 것을 들으면 어떠신가요? '어떻게 저렇게 편안하고 깊은 소리를 낼 수 있지?' 하는 생각이 절로 듭니다. 직업인들의 발성은 일반인보다 훨씬 더 깊고 소리가 웅장한 편입니다. 같은 말이라도 더 묵직하게, 명확하게, 깊게, 멀리 들리도록 합니다. 이런 소리를 내기 위해서는 발성 교육이 필수적인데, 즉 소리를 바꾸게 하는 것이 발성이고, 훈련을 하면 바뀔 수 있다는 뜻입니다.

유튜브 〈문명특급〉에서 소녀시대 티파니 님이 나와서 한국어와 영어의 발성 차이를 설명했습니다. 한국어는 입 앞쪽에서 소리가 나오고, 영어는 입 안쪽에서 소리가 나오는 느낌이라고 했죠.

물론 미국식, 영국식, 호주식, 남아공식 등 나라마다 발성이 조금씩 다릅니다. 미국식 영어가 다른 나라들 영어보다 발성을 조금 더 낮고 깊게 쓰는 편이지만, 사람마다 또 발성의 위치가 다릅니다.

하지만 대체적으로 영어의 깊고 웅장한 소리는 상대 귀에 꽂히는 소리입니다. 지하철에서 재잘재잘 한국어 소리 사이에 갑자기 영어가 훅 들린 경험이 있으실 겁니다. 무슨 말인지는 모르겠지만 '어? 영어?' 하고 뒤돌아보게 되죠. 그것이 발성이 하는 역할입니다.

영어의 8할은 자신감! 자신감은 발성이 만든다!

지금은 멋진 발성의 영어로 세팅되신 수강생 A님이 제 수업을 듣다가 발성에 대한 관심이 생긴 계기에 대해 말씀해주신 적이 있습니다.

항공사의 파일럿인 수강생 A님은 여러 나라 사람들을 만나고 영어를 듣고 말할 일도 많았다고 합니다. 여러 나라 사람들을 만나고 그들의 영어를 들으면서 발성에 대한 호기심이 생기셨다고 이야기하셨어요.

"공군에 있을 때 다른 나라 군인들과 회의를 할 때는 꼭 통역장교를 통해서 진행했는데, 그때 느낀 게 있었어요. 통역장교들은 대부분 해외에서 유학한 분들이어서 영어가 정말 유창했습니다. 그분들의 특징 중 하나가 우리말을 할 때와 영어를 말할 때 톤이 다르다는 것이었습니다."

그러면서 일본 생활 할 때도 비슷한 경험을 했다고 하셨는데, 일본어를 원어민 수준으로 하던 독일인 유튜버가 독일로 돌아가 놀림을 받았다는 것입니다. 톤이 너무 높아졌다고요. 한국어와 비슷한 일본어는 발성이 거의 비슷한데 톤이 높고 울림이 없는 반면 독일어는 가슴 안에서부터 울려나오는 소리입니다. 그때 역시 '아, 분명 서양인만의 발성이 있구나.'라고 생각하셨다고 합니다.

이렇게 A님은 다양한 나라의 다양한 언어를 접했어도, 영어는 계속 잘 들리지 않아서 "Sorry?"를 입에 달고 사셨다고 합니다. 그러다가 제 유튜브의 발성 수업을 듣고 나서야 '그래서 그랬구나!' 하고 포인트를 짚을 수 있었다고 합니다.

"영어를 잘하기 위해서 발성까지 바꿔야 하나요?"

이렇게 반문하실 수도 있습니다. 물론 그렇게까지 안 해도 됩니다. 단지 발성을 바꾸지 않으면 여전히 '한국 사람이 영어 하는 느낌'으로 영어를 하시게 될 것입니다. '원어민처럼'이 안 될 것이라는 의미입니다. 그것이 나쁘다는 것은 아닙니다. 의사소통만 잘되는 것에서 만족하신다면 발성까지 신경 쓰지 않아도 됩니다.

하지만 어차피 영어를 잘하는 게 목표라면 발성까지 바꾸면 금상첨화지요. 훈련을 하다 보면 각각의 발음보다 발성과 호흡이 더 중요한 근본이라는 것을 깨닫게 됩니다.

영어 소리를 만드는 데 있어서 가장 중요한 것이 바로 발성과 호흡이기 때문입니다. 영어식 발성이 장착되는 순간 정말 '영어'스럽게 영어를 하게 되므로, 자신감이 생깁니다. 어디 가서 막 소리를 들려주고 싶어질 정도로요. 외국어는 자신감이 8할이니 발성만으로 8할을 채우는 것이나 다름없죠.

발성의 핵심은 '가슴'과 '날숨'에 있다!

영어식 발성을 만드는 것이 어렵지 않냐고요? 그렇지 않습니다. 본인이 소리를 낼 때 소리가 나오는 위치를 생각하고 분석하면 됩니다. 발성의 핵심은 위치(placement), 즉 '소리가 어디서 나오는가'입니다. 훈련 받지 않은 대부분 한국인의 발성 위치는 입 앞쪽입니다. 그래서 보통 한국어 소리는 얇고 높고 목을 많이 씁니다. 영어식 발성으로 소리를 만들면 가슴의 진동이 느껴집니다. 입이 얼굴이 아니라 쇄골에 달렸다고 상상하세요.

그런 상상만으로도 발성은 내려갑니다. 이제 손을 가슴에 대고, 최대한 짐승의 울음소리를 낸다고 생각해보세요. 깊게 '음' 하면서 짐승스럽게 소리를 내면 가슴의 진동이 느껴집니다.

그 상태에서 같은 느낌으로 '아' 소리를 내보세요. 여전히 가슴의 진동이 느껴지나요? 그런데 계속 그렇게 짐승 소리처럼 할 수 없겠죠. 이제 조금씩 나에게 편한 음으로 올려봅시다. 이 과정에서도 계속 가슴에서 진동이 느껴져야 해요. 물론 점점 덜해지겠지만, 가슴의 진동을 유지하면서 편한 음을 찾아야 합니다.

그리고 여기서 한 가지 더 중요한 한 스푼, 바로 '호흡'입니다. 영어 발성은 호흡을 신경 써야 더 깊게 됩니다. 영어는 소리를 '날숨'에 처리합니다. 숨을 뱉어내면서 소리를 내는 것이죠. 한번 깊게 한숨을 내쉬어보세요. 지금, 무의식적으로 숨을 크게 마시셨죠? 소리를 날숨에 처리한다는 것은 숨을 마신 뒤에 소리를 낸다는 뜻입니다. 그래서 영어 소리를 낼 때는 한숨 내쉴 때처럼 힘을 빼야 합니다. 한숨을 크게 내쉬었을 때 뭔가 가슴 공간이 깊이 내려가는 느낌을 받았을 거예요. 그래야 긴 문장도 호흡을 타고 술술 편하게 나올 수 있어요.

영어의 깊은 발성은 호흡을 빼고는 설명할 수 없습니다. 제가 '영어 소리튜닝은 단순한 자음과 모음의 발음을 공부하는 것이 아니다.'라고 말씀드린 이유입니다.

음소 발음 교정만으로는 그들의 속사포 같으나 편하고 정확한 소리를 만들 수 없습니다. 영어 소리튜닝에서 발성과 호흡은 가장 중요한 부분입니다.

나만의 영어식 발성을
만들어보세요

1. 나만의 영어식 발성 위치 찾기

1) 입이 쇄골에 달렸다고 생각해보세요.

2) 손을 가슴에 대고 짐승 울음소리를 내는 것처럼 깊게 '음' 해보세요.

3) 가슴의 진동을 느끼세요.

4) 같은 느낌으로 '아' 소리 내보세요.

5) '아' 소리를 내면서 가슴의 진동이 느껴지되 편한 음을 찾아봅시다.

2. 영어식 발성을 잘 느끼게 해주는 m으로 가슴 깊은 울림을 느끼면서 훈련해봅니다. 이 훈련을 할 때 손을 가슴에 대고 진동을 체크해보세요.

1) m~~~~~ma 2) m~~~~~mo 3) m~~~~~mu

4) m~~~~~mi   5) m~~~~~me

Q. 아이에게 영어를 가르치고 싶은데
어떻게 하나요?

A. 알파벳보다 소리튜닝이 먼저입니다.

알파벳보다는 음소 단위 훈련을 권합니다. 유아라면 TV를 영어 채널로 설정하시고 재미있는 만화나 유아용 프로그램을 틀어놓으시길 권합니다. 자연스럽게 영어 음소를 뇌에 입력시킬 수 있습니다. 아이들은 귀가 예민해서 '듣고 따라 하세요' 하는 방식이 어른보다는 효과적인 편이지만, 한계가 있습니다. 결국엔 점점 모국어 소리에 익숙해지기 때문이죠. 그래서 영어 소리튜닝은 처음 영어를 배울 때 확실하게 훈련해야 합니다. 한번 입력시켜 놓으면 쉽게 적용할 수 있습니다.

TV를 스스로 조작할 수 있는 나이의 아이라면 음소 단위 44개 카드를 만들어 하나하나 이해할 때까지 천천히 반복해 훈련시키는 것이 장기적인 측면에서 순서에 맞습니다. 주의하실 점은 절대로 강요해서는 안 된다는 점입니다. 영어를 공부라고 인식하면 안 됩니다. 아이가 싫어하면 잡아두지 말고 흥밋거리만 제공해주세요. 그렇게 다시 관심을 보이면 다시 훈련을 시작해야 합니다.

s	t	p	n	m	a	e	i	o
sat	tap	pan	nose	mat	ant	egg	ink	otter
g	d	c k	r	h	u	ai	ee	igh
goat	dog	click	run	hat	up	rain	knee	light
b	f	l	j	v	oa	oo	oo	ar
bus	farm	lolly	jam	van	boat	cook	boot	star
w	x	y	z	qu	or	ur	ow	oi
wish	axe	yell	zap	quill	fork	burn	now	boil
ch	sh	th	th	ng	ear	air	ure	er
chin	ship	think	the	sing	near	stair	sure	writer

〈음소단위 카드〉

- 2 -

내용어/기능어 구분하라 :
중요한 말과 중요하지 않은 말이 있다

모든 학생들을 충격에 빠트렸던 리듬 규칙이 있었다

지금까지 영어의 리듬을 익히는 방법은 단순하기 그지없었습니다.

"원어민의 리듬을 느끼면서 원어민의 소리를 듣고 따라 해봐!"

원리와 이론 없이 듣고 따라 할 수 있는 사람들은, 앞에서 말했던 청각
형의 30% 사람들뿐입니다. 그래서 그동안 되는 사람만 되고 안 되는 사

람은 끝까지 할 수 없었던 거예요. 대부분을 차지하는 시각형은 반드시 이론과 원리를 알아야 합니다. 그래야 이해가 되고 그나마 따라 할 수 있죠. 청각형인 사람들도 이론과 원리를 알고 따라 할 때 훨씬 더 정확하고 빠르게 익힐 수 있습니다. 저 역시도 청각형이라서 미드나 영화 섀도잉으로 어느 정도 소리가 좋아졌던 경험이 있습니다. 하지만 감으로 소리를 익힌 거라서 이게 맞는 것인지 확신이 없었어요. 제 소리가 비약적으로 좋아졌던 계기는 소리튜닝법에 따라 훈련한 것이었습니다.

그리고 저는 그 내용을 오픽을 가르치던 시절부터 학생들에게 수업 첫날마다 가르쳤습니다. 그러면 학생들이 다들 쇼킹하다는 표정으로 수업을 들었죠. 그리고 그 어색한 수업 녹화본을 2019년에 처음으로 유튜브에 올렸어요. 당시 반응은 정말 폭발적이었습니다. 현재 31만 회 조회수의 이 영상에 달린 댓글들을 소개합니다.

"이것은 영어 학습 관련 단연 최고의 강의라고 생각합니다. 영어 학습자의 시간과 노력을 크게 줄여줄 수 있기 때문입니다. 선생님께 최고의 경의를 표합니다!!"

"유레카! 정말 제가 찾던 어메이징한 수업입니다. 감탄만이 나오는군요. 어디 가도 들을 수 없는 귀한 콘텐츠라 몇 번 반복해서 보고 따라 하고 저 혼자 신기해하고 있답니다. 이렇게 실력 있는 선생님을 지금이라도 알아서 너무 행복합니다."

"선생님 방식으로 1년만 하면 웬만한 영어 회화는 다 될 것 같습니다. 이런 꿀팁을 왜 우리는 못 배우고 자랐나요. 너무 억울하고 분합니다. 지금이나마 선생님을 알게 되어 정말 감사하고 또 감사합니다. 진짜 최고의 영어 교육 자료입니다!"

"학력고사 영어 0.5%였지만, 듣고 말하는 영어가 안 되는 이유를 깔끔하게 정리해주시네요."

모든 학생들과 유튜브 구독자들을 충격에 빠트렸던 바로 그 리듬 규칙 두 가지를 이제부터 설명해드리겠습니다.

리듬 규칙 첫 번째, 강세 음절

영어에는 음악과 같은 리듬이 있습니다. 그런데 왜 이런 리듬이 생길까요? 영어에 리듬이 생기는 첫 번째 이유는 강세 음절입니다. 즉 '한 단어 내에서 강세를 주는 음절이 있고 아닌 음절이 있어서'입니다.

예를 들어, 사전에서 massage의 발음기호를 보면, [məˈsɑʒ] 중간 위에 점 표시가 있어요. 이 표시의 의미는 그 뒤 음절에 강세가 있다는 것입니다. 그래서 또박또박 '마·사·지' 이렇게 소리 내는 것이 아니라, 뒤 음절을 조금 길게 뻗어줘야 합니다.

maᔆᔆage
마사ㅈ

이런 것을 강세 음절이라고 부릅니다. 즉, 강세 음절이 아닌 ma는 조연, 강세 음절 ssage는 주연 취급해줘야 하죠. 똑같이 말한 것 같은데 원어민들이 못 알아듣는다면, 그 포인트는 강세 음절에 있습니다. 이제부터 저와 약속하시는 겁니다.

---

1. 단어를 찾을 때는 꼭 발음기호를 보세요.

2. 그리고 강세 음절 표시 [']가 어디 있는지 확인하세요.

3. 원어민 소리를 들어보고 확실히 강세 음절을 다른 음절보다 크고 길게 뱉어줬는지 느껴보세요.

이제까지 발음기호를 단 한 번도 본 적 없다면, 바로 오늘부터 알고 있는 쉬운 단어로 해보세요. 여러분의 영어에 리듬이 생길 것입니다.

리듬 규칙 두 번째, 효율 언어

영어에 리듬이 생기는 두 번째 이유는 '영어는 한 문장 내에 중요한 정보의 단어와 중요하지 않은 단어로 구성되어 있기 때문'입니다. 영어는 효율적인 언어예요. 문맥을 파악하는 데 필수적인 소리만 신경 쓰고 아닌 단어들은 철저히 대충 처리합니다. 중요한 단어는 주인공 대우를 해주고, 중요하지 않은 단어는 조연 취급을 하죠.

내용어(content words) : 중요한 정보를 나타내는 단어

– 명사, 형용사, 부사, 일반동사, 부정어, 의문사

기능어(function words) : 중요한 정보가 아닌 단어. 문장을 구성하기 위한 기능적 역할.

– 대명사, 조동사, be동사, 관사, 전치사, 접속사, 관계대명사 등

용어는 외울 필요 없습니다. 내용어는 딱 봐도 중요하다 느껴지는 단어이고, 기능어 역시 언뜻 봐도 중요하게 안 느껴집니다. 대충 문장을 이해하는 데 중요한 정보냐 아니냐를 구분한다고만 알고 있으면 됩니다. 내용어는 제대로 잘 소리 내주고, 기능어는 대충 뭉개서 소리 냅니다. 박자로 치면, 내용어는 정박, 기능어는 엇박을 이룹니다. 그래서 영어 문장에서 리듬이 느껴지는 거예요.

중요한 단어만 뽑아 듣고, 중요한 단어만 상대의 귀에 꽂아준다!

정리하자면 영어에 리듬이 느껴지는 이유는 두 가지입니다.

첫째, 단어에 강세 음절이 있어서.

둘째, 영어는 효율적인 언어여서.

이제 이 두 가지 이유를 실전 문장으로 설명해보겠습니다. 영화 〈인턴〉에 나오는 문장을 가져왔습니다.

You remember the day I drove you to the warehouse?
(제가 당신을 창고로 데려다줬던 날 기억하죠?)

먼저 두 번째 이유였던 내용어/기능어로 구분해보겠습니다. 내용어와 기능어가 뭔지 문법 용어를 외우지 않아도 이 문장에서 중요한 정보가 뭔지 생각해봐도 내용어가 뭔지 알 수 있겠죠?

You **remember** the **day** I **drove** you to the **warehouse**?

내용어가 굵은 글씨입니다. 이제 첫 번째 이유였던 단어의 강세 음절을 찾아볼게요. 강세 음절에는 색으로 칠해봅니다. 강세 음절은 발음기호에서 [']표시가 있는 뒤의 음절이라고 했죠.

You remember the day I drove you to the warehouse?

[ju rɪˈmɛmbər ðə deɪ aɪ droʊv ju tu ðə ˈwɛrˌhaʊs?]

이 문장을 소리 낼 때는 색 부분만 뱉습니다. 내용어 강세 음절만 제대로 정확하게 길이감 있게 소리를 뱉고, 나머지 검은색은 뭉개듯 빠르게 대충 소리 내면 되죠. 조금 더 눈에 잘 보이게 표시해볼게요.

You remember the day I drove you to the warehouse?

이렇게 영어에 리듬이 생기는 원리를 파악하면 들을 때도 그렇게 듣게 됩니다. 중요한 것과 중요하지 않은 것을 구분해서 들으면 듣기가 빨라지죠. 지금까지 우리는 단어의 중요도를 생각하지 않고 비효율적으로 모든 단어의 소리를 들으려고 했습니다. 그러니 내용 파악이 빨리 되지 않죠. 말할 때는 어떨까요? 원어민들은 효율적으로 듣는 게 익숙한데 우리가 비효율적으로 말하면 오히려 헷갈립니다.

중요한 단어만 뽑아 듣고, 중요한 단어만 상대 귀에 꽂아줍시다. 이것만 제대로 훈련해놔도 어느 정도 수준의 리스닝과 스피킹은 해결됩니다.

다음 문장의 내용어와 강세를
표시해보세요.

※ 내용어는 밑줄, 강세는 동그라미로 표시합니다.

EX. You remember the day I drove you to the warehouse?

1. This place is always open.

2. I have a common name.

3. A circle is perfectly round.

4. I have very sensitive skin.

5. Did you enjoy the meal?

6. Does anybody know what this means?

7. Would you like to hear another joke?

〈정답〉

1. This place is always open.
2. I have a common name.
3. A circle is perfectly round.
4. I have very sensitive skin.
5. Did you enjoy the meal?
6. Does anybody know what this means?
7. Would you like to hear another joke?

- 3 -

축약과 연음이 문제다 :
웅얼웅얼 얼버무려서 소리 내기도 한다

절대 안 들리는 소리, 괴리감 때문이다!

"선생님, 이게 진짜 들려서 들린다고 하시는 거예요? 제가 슬로
우로도 해봤는데 저 단어는 절대로 들리지 않아요."

유튜브에 댓글을 보면 이런 이야기들이 많습니다. 정말 저 단어가 다
또박또박 들리냐고 물어보신다면 제 답은 이렇습니다.

"아니요!" 혹은 "모르겠어요!"

조금 더 정확히 말하자면 이렇습니다.

"뭉개지는 소리들의 패턴을 입과 귀로 훈련했더니 모든 소리가 들리는 것처럼 느껴져요."

제 머릿속에서 자동 완성이 되는 느낌입니다. 영어를 하다 보면, 어느 순간 정말 들려서 듣는 건지 아니면 자동 완성된 건지 헷갈리는 시점이 옵니다. 영어 듣기가 힘든 이유는 원어민들이 모든 소리를 다 또박또박 소리 내지 않아서입니다. 중요하지 않은 소리는 뭉개니까요. 그러면 어떻게 뭉갤까요? 가장 큰 두 가지 방식이 바로 축약과 연음입니다.

원어민들은 소리를 낼 때 대부분 축약을 해서 말합니다. 그런데 이것을 모르면 우리가 예상하는 소리와 그들이 내는 소리의 차이가 너무 크게 되죠. 그러면 들리지 않습니다.

I am going to는 우리가 '아임 고잉 투'로 배웠고 그렇게 알고 있지만, 대부분의 원어민들은 I'm gonna, 즉 '암거나'로 소리 냅니다. 이렇게 축약하는 데다 뭉개기까지 하면 정말 들리지 않습니다. 그래서 우리는 원어민들이 많이 사용하는 축약이 어떻게 소리 나는지 알아야 합니다. 그

래야 그 뭉개지는 소리를 이해할 수 있어요. 보통 축약되는 단어들은 기능어인 경우가 많아서 전체 문장을 이해하는 데 큰 영향을 미치지 않지만, 들리지 않는 소리들이 많다 보면 대충 때려 맞혀서 의미를 파악하는 느낌이 들어 자신감이 없어집니다.

원어민이 매일 쓰는 '뭉개는 소리' ① 축약

원어민들이 매일 쓰는 '뭉개는 소리' 몇 개를 알려드릴게요. 그냥 '그렇구나.' 하고 끝나면 안 됩니다. 연애를 책으로 배우면 안 되듯이, 배운 대로 소리 나는지 꼭 많은 소리를 들어보세요. 입으로 귀로 훈련하세요. 앞에서 추천한 유글리시 사이트를 추천합니다.

첫 번째는 축약입니다. 앞에서 말한 I'm going to가 대표적이죠. '나 ~할 거야'라는 뜻인데, '나 밥 먹을 거야', '나 갈 거야', '나 잘 거야' 등등 실생활에서 정말 많이 쓰는 표현이에요.

I'm gonna go. (나 학교 갈 거야.)

여기서 중요한 단어는 go밖에 없어요. 나머지 I'm gonna는 정말 대충 빠르게 지나가는 소리예요. 빠르게 훅 대충 처리하는 소리임을 인지하는 과정이 중요합니다. I'm going to가 그냥 '암거나'로 빠르게 지나가는 소리라고 인지하고 실제 이 부분을 '유글리시'에 가서 10개 정도만 들어보세요. 이제 이 지나가는 소리가 들리기 시작합니다.

또박또박 잘 들리는 것이 아니라 대충 이렇게 넘어가는 소리라는 걸 인지했기 때문에 들리는 것입니다. 이것을 입으로 훈련까지 하면 앞으로 영어로 말을 할 때도 자연스럽고 편하고 빠르게 말할 수 있겠죠.

그리고 우리가 축약형으로 쓰면서 말은 축약으로 안 하는 대표적인 소리가 있습니다. 바로 We're과 You're입니다. 글을 쓸 때는 축약으로 쓰면서 읽을 때는 We are와 You are로 소리를 내는 분들이 많아요. 우리가 글로는 축약을 배웠는데 소리 내는 법은 배우지 못해서 그렇습니다.

We're **happy** you're here. (네가 여기 있어서 우린 행복해.)

이 문장에서 중요한 단어는 happy와 here이죠. 상대방에게 볼드 처리한 이 두 단어의 강세 음절만 잘 들려주면 됩니다. 나머지는 뭉개서 소리만 끊어지지 않게 이어주세요. 그런데 소리를 잘 뭉개기 위해서 축약 소리 규칙을 알아야겠죠.

We're의 발음기호는 [wɪr], [wər]입니다. 한국어로 표기하면 '위얼, 월' 이렇게 되죠. 원어민들이 빠르고 편하게 말할 때는 보통 [wər] 합니다.

이 소리는 are의 과거형인 were와 소리가 같습니다. 이제 이 축약도 많이 들어보시고, 말해보세요. 이제 we're가 were와 같은 소리로 들리기 시작할 거예요. 내용어가 더 선명하게 들리게 될 것입니다. you're도 your과 소리 내는 방식이 똑같습니다. 앞으로 you're을 보면 your로 소리 내보세요. 훨씬 입이 편하고 원어민도 더 잘 알아들을 거예요. 이쯤에서 궁금증이 드실 것입니다.

"your과 you're이 소리 내는 방법이 같다면 어떻게 구분하나요?"

you're happy와 your happy를 어떻게 구분하느냐는 걱정이죠. 이런 것은 문맥이나 문법의 구조로 알아듣습니다. 원어민에게 한 문장만을 받아쓰기 하라고 했을 때 '이거 같은데, 앞뒤 문맥을 봐야 정확할 것 같아.' 라고 말하는 이유가 바로 이것입니다.

원어민이 매일 쓰는 '뭉개는 소리' ② 연음

우리의 영어 듣기를 힘들게 하는 '뭉개는 소리' 두 번째는 연음이에요. 영어는 기본적으로 모든 단어를 자석같이 붙여서 한 단어처럼 소리 내려고 합니다. 그러다 보니 다 뭉쳐서 나오는 소리들이 우리가 알고 있는 소리와 완전히 다르게 느껴지는 경우가 많죠. 연음과 관련해서 주디 톰슨

(Judy Thompson) 교수님이 테드 강연에서 이렇게 말씀하셨습니다.

"지구상에 있는 비원어민들끼리는 영어로 소통이 되는 데 문제가 없는데, 원어민들이 연음으로 소리 내는 바람에 원어민과 비원어민들끼리 소통이 안 된다. 영어를 쓰는 원어민들이여! 이 정도면 우리의 문제가 아니겠나? 연음으로 소리 내지 말자!"

재미있죠. 사실상 비영어권 외국인들끼리는 영어로 소통이 잘되는 편입니다. 그런데 그 사이에 미국인이 있으면 오히려 소통이 힘들어져요. 교수님 말씀대로 원어민들이 연음을 안 쓰면 참 좋겠지만, 현실이 그렇지 않죠. 영상에서 교수님이 예시로 든 문장은 이것입니다.

Can I have a bit of egg? (계란 좀 먹을 수 있을까?)

우리가 이 문장을 소리 낸다면 '캔 아이 해브 어 빗 오브 에그?' 이렇게 하나하나 단어가 잘 들릴 수 있도록 소리를 낼 겁니다. 그런데 원어민들은 단어와 단어를 다 이어버리는 것을 좋아해요. 특히 자음으로 끝나고 모음으로 시작하면 그냥 자석처럼 달라붙어요. 그러면 소리가 어떻게 날까요?

'캐나이해버비러베그?'

이렇게 납니다!

Can I have a bit of egg?

[kæn aɪ hæv ə bɪt ʌv eg]

⟶

CanIhavabitofegg

[kænaɪhævəbɪtʌveg]

'에그'가 아니라 '베그'로 들려요. 그래서 연음을 생각하지 않고 들으면 '어? 베그라는 단어가 있나?' 하면서 혼란스러워집니다. 그리고 문장을 보고 나서야 '아… 다 아는 단어인데… 왜 안 들렸지?' 하면서 우울해지죠. 하지만 언어는 사람들이 편하게 말하는 방식으로 규칙이 만들어질 수밖에 없습니다. 그럼 이런 짜증 나는 연음, 어떻게 정복할 수 있을까요? 바로 다양한 '소리 블록'을 튜닝해서 만들어놓는 것입니다. 다양한 소리 블록을 입과 귀에 붙여놓는 거예요.

a bit of

→ 어 빗 오브 (X)

→ 어비러ㅂ (O)

이렇게 소리 내는 것이라고 몸에 심어놓는 과정이 필요해요. 그리고 자연스러운 연음 처리를 위해서는 호흡이 반드시 필요합니다. 날숨에 소리를 뱉으면 이런 규칙을 몰라도 자연스럽게 연음 처리할 수 있습니다.

혹시나 영어 호흡을 잊어버리셨다면, 앞의 내용을 빨리 훑어보고 돌아오세요!

축약과 연음으로 만들어지는
괴리감을 직접 느껴보세요!

먼저 다음 문장을 보고 예상되는 소리를 써보세요. 그다음 mp3를 듣고 들리는 대로 적어보세요. 얼마나 다르게 들리나요?

MP3 듣기

1. I'm gonna need a lot of work.

....

2. I kind of wanna go home.

....

3. You should have seen it.

....

4. I'll take a bunch of these.

....

5. You haven't changed a bit.

....

6. We're gonna help out.

....

7. I've never been able to do it.

....

8. We'll figure it out.

....

9. You're gonna make it.

....

10. I can't get it out.

....

괴리감 깨부수는 소리 규칙
더 알아보기!

본격적으로 괴리감을 줄이려면 소리의 규칙을 알아야 합니다. 소리 규칙을 알면 소리를 정확하고 좋게 낼 수도 있지만, 괴리감이 줄기 때문에 귀가 뚫립니다.

첫 번째, 소리 규칙은 t의 마법입니다.

t와 d를 중심으로 앞뒤가 모음일 때는 플랩(flap) 처리됩니다. 소리가 한국어 ㄹ처럼 편안하게 납니다. 스탑(stop) t라는 규칙도 있습니다. t 다음에 자음이 오면 t 사운드가 살짝 멈췄다가 소리를 내죠. t 사운드를 위해서 혀끝은 입천장에 붙어 있게 되는데, 이때 그것을 살짝 두었다가 터트리며 소리를 냅니다.

두 번째, '으' 금지입니다.

영어는 자음으로 소리가 끝날 때가 많습니다. 근데 한국어는 그게 안되죠. 발음부호 모음 기준으로 1음절이라면, 1음절로 소리 냅시다. give 는 '기브' 아니고 '깁'이에요.

이밖에도 모음의 연음, s 다음에 오는 t, s 다음에 오는 p, s 다음에 오는 c 소리 등 괴리감을 깨부수는 소리 규칙이 많습니다. 소리튜닝으로 이런 소리 규칙들을 입과 귀에 세팅해놓으면, 말하기, 듣기가 세상 편해질 겁니다.

원어민스러운 발음의 비밀!

- 4 -

리듬을 극대화하라 :
영어 문장은 하나의 긴 단어라고 생각한다

문제는 발음이 아니라 리듬과 강세다!

"리듬 같은 거 필요 없습니다. 또박또박 큰 소리로 들려주면 알아들어요."

간혹 유튜브 댓글에 이렇게 말씀하시는 분들이 있어요. 하지만 영어의 리듬을 이해하는 게 중요한 이유는 단순히 멋있어 보여서가 아닙니다. 철저히 정확한 의사소통을 위한 것입니다. 우리가 외국어를 배우는 가장 큰 목적이 무엇인가요? 자신감 있게 말을 하는 것 자체에 의의를 두

나요? 아닙니다. 우리가 외국어를 배우는 가장 큰 목적은 한국어를 모르는 외국 사람들과 의사소통을 원활하게 하기 위한 것이죠. 원활한 의사소통을 위해서는 발음보다는 강세, 리듬이 필요합니다. 효율적으로 듣고 효율적으로 말하는 것이죠. 앞서 영어만의 고유한 리듬이 나오는 이유는 영어가 강세 언어이고, 효율적인 언어여서 그렇다고 말씀드렸습니다.

  그렇다면 이제 이 원칙을 이용해서 영어의 D d 리듬을 농구 하듯 춤추듯 배워보겠습니다. 요요를 상상하셔도 좋습니다. D는 내용어의 강세 음절이며 정박으로 처리하는 소리이고, d는 강세 음절이 아닌 기능어를 포함한 모든 소리이며 엇박으로 처리합니다.

siSter

[ˈsɪstər]

D d

――― –

  이 단어에서 강세 음절은 [ˈ]가 찍힌 음절인 sis입니다. 그리고 ter는 강세 음절이 아니죠. 그럼 이 단어의 리듬은 D d입니다. 정박과 엇박 개념을 사용하면 ――― – 느낌이죠. D는 농구공을 밑으로 던지는 느낌의 소리이고, d는 농구공이 던져졌다가 알아서 올라오는 느낌의 소리입니다.

이번엔 뒤에 강세가 있는 단어를 볼까요?

again
[əˈgen]

d D

– ‒‒‒

강세 음절이 gain임을 알 수 있죠. 이 단어의 리듬은 d D 리듬입니다. 농구공으로 이 리듬을 표현해보면, d는 농구공을 던지기 직전의 동작이고, D는 농구공을 밑으로 던지는 느낌입니다.

단어든 문장이든 리듬 강세 원리는 같다

조금 긴 단어로 가보겠습니다.

banana
[bəˈnænə]

d D d

– ‒‒‒ –

이 단어는 모음이 세 개인 3음절 단어예요. 발음기호를 보면 na가 강세 음절이죠. 그렇다면 이 단어의 리듬은 d D d입니다. 이 리듬을 농구공으로 표현하면 '농구공 던질 준비하고(d) 농구공 밑으로 던지고(D) 농구공이 알아서 반동으로 올라온다(d)'입니다. 실제 단어를 훈련하실 때 농구공을 바닥으로 튕기듯이 몸을 움직이면서 해보세요.

이 리듬은 문장에서도 똑같이 적용됩니다.

I love you.
d D d
– ––– –

이 문장을 분석해볼게요. 여기서 내용어는 love 하나밖에 없습니다. 나머지는 기능어입니다. 그럼 정박으로 처리할 단어는 love밖에 없는 거죠. 그럼 이 문장의 리듬은 d D d 리듬입니다.

그럼 banana하고 같은 리듬이죠. 꿀팁 나갑니다. 농구하는 듯한 몸짓과 함께 banana와 I love you를 같은 리듬으로 연달아 연습해보세요. I love you만 소리 냈을 때보다 banana와 함께 하면 훨씬 소리 내는 것이 편할 것입니다.

ba**na**na

I **love** you.

d D d

‒ ——— ‒

문장은 어려울 것 같다고 생각하셨나요? 하지만 문장에서도 단어와 같은 리듬이 적용된다는 것을 '아하!' 깨닫는 순간, 여러분의 영어 소리는 유창하고 편해질 것입니다.

강세가 2개인 단어도 어렵지 않다

이번에는 조금 더 긴 단어로 해볼까요?

re**co**mmend

[ˌrekəˈmend]

D d D

—— ‒ ———

단어가 길다 싶으면 강세가 2개일 가능성이 큽니다. 발음기호를 보면 점이 아래에도 있고 위에도 있습니다. 그러면 1강세는 점이 위에 찍힌

mend, 2강세는 점이 아래에 찍힌 re죠. 일단 여러분이 발음기호를 보고 이걸 분석해내셨다면 영어 소리 훈련의 과정에서 가장 중요한 한 가지를 해낸 것입니다. 이어서 보면, 이 단어의 리듬은 D d D입니다. 2강세도 강세이기 때문에 D이지만 1강세보다는 조금 덜 뱉습니다. 농구공을 조금 살살 던진다고 생각하시면 되겠죠. 그렇지만 절대 흘리거나 대충 발음하지 않아요. 비슷한 리듬의 문장도 소개해드릴게요.

come again
[kʌm əˈgen]

come again은 "뭐라고? 다시 말해줄래?"의 뜻을 갖는 속어예요. 영화나 미드에서 정말 많이 들을 수 있습니다. 이 문장은 단어 2개가 모두 내용어라서 강세를 다 줘야 하지만, 둘 다 똑같이 힘을 주면 어색해집니다. 또박또박 크게 말하게 되죠. 그러니 조금 더 강조하고 싶은 단어를 1강세, 덜 강조하고 싶은 단어를 2강세로 처리해주면 됩니다. 이런 경우 어느 단어를 1강세로 정하느냐에 따라서 말의 뉘앙스가 바뀝니다.

어느 쪽을 1강세로 해도 좋지만, recommend 리듬에 맞춰서 gain을 1강세로 처리해보겠습니다. 그리고 한 단어처럼 같이 농구 하듯 춤추듯 리듬을 타면서 지금 당장 해볼게요.

D d D
recommend
comeagain
_ _ _ ___

이렇게 훈련하면 누구든 영어의 리듬을 제대로 익히고 소리 낼 수 있게 됩니다.

"영어의 리듬의 원리를 파악하고 d D에 맞춰서 농구 드리블하듯 리듬을 느껴보세요."

저는 한때 유튜브에서 이런 방식으로 영어의 리듬을 가르치면서 '다다다 선생'이라는 별명을 갖기도 했습니다. 원어민의 리듬을 음의 높낮이(물결)로 가르치던 때라서 저의 농구 하듯 리듬을 가르치는 방식이 획기적으로 느껴졌던 것 같아요. 왜 영어에서 인토네이션(intonation)이 생기는지 그 원인은 가르쳐주지 않고 단순히 음의 높낮이로 영어 리듬을 가르치는 분들이 많아서 답답했습니다.

이제 저는 영어 리듬을 왜 배워야 하는지, 왜 알려줘야 하는지, 어떻게 가르쳐야 하는지 알게 됐습니다. 많은 분들이 "이래서 영어 강세와 리듬이 중요하구나!"를 직접 느낄 수 있기를 바랍니다.

강세와 리듬을 훈련해보세요

다음 단어와 문장들의 발음기호를 쓰고 강세와 리듬을 찾아 훈련해보세요. 문장 발음기호를 찾을 때 하단의 QR코드를 따라가 tophonetics 사이트를 활용해보세요!

EX. banana [bəˈnænə]
　　　　d　D　d

1. again [　　　　　　　]　I'll go [　　　　　　]

2. I will wait for you. [　　　　　　　　　　　]

3. available [　　　　　　　　　　　　　]

4. What is in the box? [　　　　　　　　　　]

5. I think insects are disgusting! [　　　　　　　　　　]

문장 발음 기호 찾는 tophonetics 사이트

- 5 -

블록화로 다시 보라 :
하나하나 보지 말고 블록으로 잘라서 본다

블록으로 자르면,

① 바로 듣고 바로 말할 수 있다

② 콩글리시 걱정이 없어진다

"선생님, 저는 단어 하나 다음에 무슨 단어를 말할지 생각하다가 머리에서 지진이 나요. 그리고 들을 때도 '이 단어 뜻이 뭐였지?' 하는 순간 이미 말이 끝나 있어요."

영어를 단어 단위만 말하고 들으면 계속 이런 문제를 겪게 될 것입니다. 그런데 영어를 '블록' 단위로 훈련하면 듣고 말하기의 버퍼링이 현저히 줄어듭니다.

Do you want me to give you a ride?
(내가 태워다줄까?)

이 문장을 말할 때, 단어 단위로 접근하면 9번을 생각해야 합니다. 즉, want를 말한 뒤 '내가 해주기를 원하는 거니까 want 다음에 me를 써야 하나?' 이런 식으로 한 단어 말하고 다음 단어를 생각해야 하죠.

그래서 단어와 단어 사이 버퍼링이 많아지는 거예요. 듣기를 할 때도 마찬가지입니다. 단어 단위로 하나씩 들으려고 하면 어렵습니다. 앞에서 하나하나 살펴봤던 축약과 연음, 기능어 같은 뭉개는 소리, 강세, 리듬이 적용되면서 문장은커녕 단어 하나조차 들리지 않게 됩니다. 그래서 우리가 듣기를 할 때 하는 말이 이것입니다.

"무언가… 훅 지나갔어요."

그런데 이 문장을 '블록' 개념으로 이해하면 2번만 생각하면 됩니다.

1. Do you want me to (내가 ~해줄까?)
2. give you a ride. (태워다주다)

그리고 이 블록들을 단순히 외우는 게 아니라 입과 귀에 '소리'로 훈련 시켜놓으면 듣자마자 바로 이해되는 거죠. 저는 그래서 이런 의미 블록을 '소리 블록'이라고 정의 내립니다. '소리 블록'은 일반 블록을 소리튜닝이라는 약품으로 코팅한 블록이에요.

앞서 말씀드린 영어 소리튜닝 법칙의 원리인 강세, 내용어, 기능어, 강세, 리듬, 연음, 호흡, 발성 등을 입혀 세련되게 코팅한 블록입니다. 소리튜닝 된 '소리 블록'을 입과 귀에 장착시키는 거죠. 소리 블록으로 하면 영화나 미드 정도 속도의 소리가 들리고, 입에서 편하게 나옵니다. 그렇다면 유창한 영어를 위해 우리가 해야 할 일은 무엇일까요? 바로 소리튜닝 법칙으로 코팅된 많은 '소리 블록'들을 가능한 많이 만들어놓는 것입니다.

소리 블록 단위 훈련을 하면 콩글리시의 사용을 줄일 수 있습니다. 단어 단위로 공부를 하면 콩글리시를 만들 가능성이 커집니다. 우리 입장에서는 자연스러운데 원어민 입장에서는 이해가 되지 않는 표현입니다.

예를 들어, '낮잠을 자다'라는 표현을 하고 싶다고 합시다. 우리 입장에서는 자연스럽게 '낮잠은 nap, 자다는 sleep이니까… sleep a nap?' 이렇게 만들게 됩니다. 원어민도 곰곰이 생각해보면 이해는 되겠죠. 하지만 어색한 표현일 수 있습니다. 왜냐하면 원어민은 보통 'take a nap'이라고 표현하기 때문이죠.

'소리 블록'은 단어들의 자연스러운 조합인 콜로케이션(Collocation) 기반으로 만들기 때문에, 소리 블록을 쓸 때는 콩글리시 걱정은 하지 않아도 됩니다.

소리 블록 사용 설명서

'소리 블록'은 크게 3개 블록으로 나눕니다.

BB
(Beginning Block, 시작 블록)

시작 블록 : 보통 문장의 시작으로 많이 쓰이는 블록

CB
(Core Block, 중심 블록)

중심 블록 : 문장의 가장 중심이 되는 핵심 정보 블록으로 문장의 핵심 동사로 구성됨.

DB
(Detailed Block, 상세 블록)

상세 블록 : 핵심은 아니지만 조금 더 구체적인 정보를 주기 위한 블록으로 보통 문장 맨 앞이나 맨 뒤에 위치함.

그런데 블록들을 많이 만들어놔도 영어의 어순을 모르면 어떤 블록을 먼저 넣어야 하는지, 어떤 순서로 해야 하는지 헷갈릴 것입니다.

레고 블록에도 설명서가 있듯 '소리 블록'도 설명서가 있습니다.

<블록 쌓는 사용 설명서>

1.
CB

EX. Do the dishes. (설거지해.)

2.
BB + **CB**

EX. I'm going to / do the dishes. (나 설거지할 거야.)

3.
BB + **CB** + **DB**

EX. I'm going to / do the dishes / in the kitchen.

(나 부엌에서 설거지할 거야.)

4.
BB + **BB** + **CB** + **DB**

EX. I'm going to / have to / do the dishes / in the kitchen.

(나 부엌에서 설거지해야만 할 거야.)

5.
| BB | + | CB | + | DB | + | DB |

EX. I'm going to / do the dishes / in the kitchen / today.

(나는 오늘 부엌에서 설거지할 거야.)

6.
| BB | + | BB | + | CB | + | DB | + | DB |

EX. I'm going to / have to / do the dishes / in the kitchen / today.

(나는 오늘 부엌에서 설거지해야만 할 거야.)

7.
| DB | + | BB | + | CB |

EX. Today / I'm going to / do the dishes.

(오늘 나 설거지할 거야.)

기본적으로 블록을 쌓는 뼈대는 이렇습니다. 상세 블록은 어느 정도 위치에 있어서 자유로운 편이에요. 각각 색깔에 맞는 블록들을 소리튜닝 코팅을 입혀서 '소리 블록'으로 만들고, 블록 사용 설명서를 보고 이리저리 입으로 귀로 조합하는 훈련을 많이 해주세요.

이런 식으로 계속 훈련하면, 문장을 인식할 때 단어 단위가 아니라 블록 단위로 인식하기 시작하게 되고, 그러면 자유롭게 말을 만들 수 있게 됩니다. 이렇게 영어가 만만해지는 거죠!

다음 문장들을
소리 블록으로 나눠보세요

　블록은 크게 시작 블록, 중심 블록, 상세 블록으로 나닙니다. 먼저 가장 중요한 동사를 기준으로 중심 블록을 구분하면 나머지 블록들이 더 잘 구분될 거예요. 예를 들어, I am going to go home now. 문장이라면 먼저 가장 중요한 동사가 go이죠? 그럼 go를 중심으로 go home이 중심 블록이 됩니다. 그럼 그 앞인 I am going to는 시작 블록이고 now는 문장을 이해하는 데 핵심적이지 않지만 구체적인 정보를 제공해주죠. 상세 블록이에요. 이렇게 나누면 됩니다. 감 잡히시죠? 자, 그럼 훈련해볼까요?

EX. I am going to / go home / now

　　(나는 지금 집을 가고 있다.)

1. Can I get a coffee?

   (커피 좀 마실 수 있을까요?)

2. Will you bring her back here?

   (너 그녀를 여기로 다시 데려올 거니?)

3. Do you want me to call them right now?

   (너는 내가 그들에게 지금 당장 전화하기를 원하니?)

4. I used to start work at 6 o'clock.

   (나는 6시에 일을 시작하곤 했어.)

5. I'm calling to book a reservation at your restaurant.

   (너희 식당 예약하려고 전화했어.)

6. Do you mind if we left early?

 (우리가 일찍 나가도 될까?)

7. You should do your homework before going outside.

 (너는 밖에 나가기 전에 숙제를 해야 해.)

8. It's very kind of you to offer me the job.

 (저에게 그 일을 제안해주셔서 감사합니다.)

9. How often do you need to go to the dentist?

 (너는 얼마나 자주 치과에 가야 하니?)

10. I am thinking of introducing myself to him.

 (나는 그에게 내 소개를 할까 생각 중이야.)

〈정답〉

1. Can I / get a coffee?

2. Will you / bring her back / here?

3. Do you want me to / call them / right now?

4. I used to / start work / at 6 o'clock.

5. I'm calling to / book a reservation / at your restaurant.

6. Do you mind if we / left / early?

7. You should / do your homework / before going outside.

8. It's very kind of you to / offer me the job.

9. How often do you need to / go to the dentist?

10. I am thinking of / introducing myself / to him.

- 6 -

단어를 제대로 외워라 :
'dangerous-위험한'이라고 외웠다면, 쓸모없다

얼마나 '많이' 보다는 '깊게' 아는 것이 중요하다

"얼마나 더 단어를 외워야 말이 술술 나올까요? 시중에 보니까 3만 단어 외우는 책이 있던데 그걸 다 외우면 될까요?"

단어는 많이 알수록 도움이 되는 것은 사실입니다. 하지만 시험공부를 위한 1:1 한영 매칭 암기는 회화에 있어서 그렇게 큰 도움이 되지 않아요. 얼마나 많은 단어를 공부하느냐보다 단어를 얼마나 깊이 알고 있느냐가 더 중요합니다.

예전에 수강생 J씨가 이런 말씀을 하셨어요.

"선생님, 저는 자꾸 하는 말만 하는 것 같아요. 화상 영어를 1년째 하고 있는데 계속 아는 단어로 돌려막기하는 기분이에요. 토익, 토플 점수는 높거든요? 단어 공부도 많이 했는데 왜 막상 말하려고 하면 공부했던 그 많은 단어들이 생각이 안 나는지 모르겠어요!"

안다고 생각하는 단어여도 실제로는 모를 수도 있습니다. 앞에서 잠깐 말했죠. 이미 뜻을 알고 있고 쉽다고 생각하는 단어라도, 그 단어로 10문장을 어려움 없이 바로 만들 수 있어야 '아는 단어'입니다. 만약 뜻은 알겠는데 문장을 술술 만들지 못하겠다면 그 단어를 모른다고 생각해야 합니다. 다시 공부해야 해요. 모든 단어를 이 기준으로 분류해보세요.

J님 역시 이 기준으로 체크해봤습니다. 그랬더니 J님이 실제로 '안다'고 말할 수 있는 단어는 500개 정도밖에 되지 않았어요. J님은 충격받은 듯하더니 이내 미소를 지으며 이렇게 말씀하셨어요.

"선생님, 결과를 보니까 의문이 풀리는 기분입니다. 그리고 뭘 하면 제 문제가 해결될지도 알겠어서 기분이 오히려 좋아요. 감사합니다."

2,000단어 꽉 잡는, 제대로 단어 아는 법

앞에서 이야기했지만, 원어민들이 실생활에서 쓰는 말의 90%는 2,000단어 내에서 해결된다고 하죠. 일단 기본 2,000단어만 제대로 쓸 수 있다면 일상생활을 하는 데는 문제가 없을 겁니다. 그러니 기본 2,000단어를 아는 단어와 모르는 단어로 구분합시다. 그 후에 2,000단어 정복을 목표로 훈련하는 거죠. 예를 들어, involve라는 단어를 봤을 때 어떠신가요? 뜻은 어렴풋이 알겠는데 문장은 만들지 못하겠나요? 그러면 모르는 단어라고 규정합니다. 그리고 이제 제대로 파헤쳐봐야겠죠.

1. 먼저 사전에 이 단어를 찾아보세요.
2. 그리고 제일 먼저 할 일은 발음기호를 보고 소리가 어떻게 나는지 분석하고 소리를 연습하는 것입니다.

involve
[ɪnˈvɑːlv]

involve라는 단어의 발음기호를 보면 음절 구분이 in/volve 이렇게 되어 있죠. 그리고 강세는 뒤 음절인 volve에 있다는 것을 알 수가 있어요. 먼저 volve가 한 단어라고 생각하고 먼저 많이 연습을 하세요. 강세 음절을 제대로 소리 내는 것이 중요합니다. 충분히 연습 후 이제 d D 리듬에 맞춰서 D, D, d D. volve, volve, involve 이렇게 훈련해보세요.

3. 그리고 영한사전에 나온 뜻을 하나씩 봅니다. 사전에 뜻이 크게 4개가 나와요. 하나씩 뜻을 살펴보고 나와 있는 예문을 읽어 봅니다.

- 수반하다, 포함하다
- 관련시키다
- 참여시키다
- 연루되었음을 밝히다

4. 그리고 구글 검색창에 involve in a sentence를 검색하세요. involve 라는 단어가 들어가 있는 많은 예시들을 볼 수 있어요. 특히 좋은 사이트 가 앞에서 이야기한 유글리시 사이트와 manythings라는 사이트입니다. 처음에는 짧은 문장으로 시작해서 점점 문장이 길어집니다. 사전에 나온 4개 뜻 중에 어디에 속하는지 생각하면서 예시 문장들을 하나씩 읽어나 가면 됩니다. 외우려고 하지 마세요. 그냥 쭉쭉 읽어 내려가세요.

manythings 사이트

5. 어느 정도 개념이 잡히면 공책을 펼치고 나만의 문장으로 10개를 적어봅니다. 읽은 것 중에 생각나는 문장일 수도 있고 내가 만들어낸 문장일 수도 있죠. 상관없습니다. 이런 식으로 2,000단어를 정리해보는 시간이 반드시 필요해요. 이렇게 기본이 제대로 쌓이면 매일 쓰는 단어와 표현이 다양해질 것입니다. 제가 involve라는 단어로 유튜브에 영상을 올렸을 때 많은 분들이 댓글을 달아주셨어요.

> "몇 년째 공부를 해도 안 늘고 있는데 선생님 영상 보니 왜 이제서야 알게 되었을까 하는 마음입니다. 처음부터 정주행 하면서 열심히 공부하겠습니다. 파이팅!!"
> "포함하다로만 알고 있었고 문장을 만들라 하면 머리가 하얘져요."

'involve'라는 단어를 제대로 공부해봐요!
....

기본기가 탄탄해야, 필드에 나갔을 때 재미있다

'영알못', '초보'인 우리에게 필요한 것은 3만 단어 암기나 뉴스 스크립트 공부가 아니라 기본기입니다. 기본기가 부족한 상태에서 엉뚱한 곳을 두드리고 있었던 것이지요. 언어는 학교에서 배우는 과목이 아니라 운동이나 악기 연주 같은 것입니다. 가장 중요한 것이 '기본'이죠.

저도 골프를 배운 적이 있는데, 3개월 동안 채 잡는 것과 자세 잡는 법 그리고 똑딱 치는 훈련만 했습니다. 너무 지루해서 코치님께 물어봤습니다.

"코치님. 너무 지루해요. 그냥 빨리 진도 나가면 안 돼요? 빨리 필드 나가고 싶어요."
"회원님. 기본이 제대로 만들어져야 나중에 필드 나갔을 때 정말 재미있게 할 수 있어요."

기본이 문제입니다. 우리는 소리도 단어도 기본을 제대로 배워본 적이 없기 때문에 어떤 공부를 해도 밑빠진 독에 물 붓는 기분이 들었던 거죠.

2,000개의 기본 단어가 세팅되었다면, 가벼운 대화 정도만 원하는 분들은 여기까지만 해도 충분합니다. 하지만 조금 더 전문 분야에서 다양하고 심도 깊은 대화를 원한다면 이대로 쭉 더하면 됩니다. 대화하고 싶은 분야의 책을 읽고 뉴스를 보면서 모르는 단어를 계속해서 아는 단어로 바꿔나가세요. 점점 더 깊이 있는 대화를 할 수 있게 될 것입니다.

안다고 생각했던 단어를
제대로 알아보세요

1. 알고 있다고 생각했던 단어 1개 써보기

....

2. 사전에 검색해서 뜻과 발음기호 보고 소리 훈련 해보기

발음기호 : [   ]

....

리듬 :

....

3. 예시 문장 소리 내어 읽어보기

....

4. 구글이나 유글리시 사이트 가서 같이 쓰이는 단어들 알아보기

....

....

....

5. 나만의 문장 10가지 써보기

....

....

....

....

....

....

- 7 -

1개를 100개로 써먹어라 :
문장은 실전에서 쓸 수 있어야 보배다

실전에서 100문장으로 쓸 수 있는 한 문장 정복법

"재미있게 공부하고 싶어서 영화나 책으로 공부하고 싶은데요. 그냥 읽고 암기하니까 그때뿐이지, 그 문장이 생활에서 적용이 안 되더라구요. 좋은 방법이 없을까요?"

영어의 기본 축인 '소리튜닝'과 '소리 블록'이 완성되면, 그다음부터 본인이 좋아하는 주제를 갖고 많은 인풋 훈련을 시작해야 합니다. 영화, 미드, 책, 유튜브, 전공 분야 수업 등 몇 번을 봐도 재미있는 주제, 혹은 지금 당장 자신의 삶에 필요한 주제로 인풋 훈련을 하면 좋습니다. 사람마다 좋아하고 필요한 게 다르기 때문입니다. 어떤 사람이 영화 〈라푼젤〉을 보고 영어를 잘하게 됐다고 해서, 취향도 아닌 영화를 보고 있을 건가요? 효율도 나지 않을뿐더러 최악의 경우 영어가 싫어질지도 모릅니다.

혹자는 이렇게 말합니다.

"그냥 영화를 다 외웠더니 알아서 영어를 잘하게 되더라."
"책을 한 권 다 외웠더니 잘하게 되더라."

그런 사람들도 물론 있습니다. 그런데 그렇지 않은 사람들도 있습니다. 저도 수업에서 짧은 영어 소설책 암기를 시킨 적이 있습니다. 그런데 배우는 사람마다 받아들이는 게 다르다는 것을 알게 되었어요.

어떤 사람은 소설책에 있는 문장을 쪼개서 표현을 합치고 새로 만들며 생활에 쓰는데, 어떤 사람은 세 번째 줄을 기억하기 위해서는 반드시 첫 번째, 두 번째 줄을 말해야 했어요. 이런 분들은 외운 문장들을 생활에서 쓰거나 응용할 수 없었습니다.

그렇다면 이런 분들은 어떻게 미드나 영화 그리고 책을 공부하면 좋을까요? 답은 문장 확장 놀이에 있습니다. 책에 나온 한 문장을 가지고 최소 10개 문장 만들기 놀이를 하는 것입니다.

이 놀이가 습관이 되면 길을 가다가 어떤 문장을 보면 자신도 모르게 10개 문장 만들기를 하고 있을 거예요.

예를 들어, 영화에서 "What do you want to eat today?"라는 문장이 보이면, 이 문장을 가지고 10문장을 만듭니다. 가장 간단하게 바꾸는 방법은 주어를 바꾸는 거겠죠. you 대신 she, he, they, your mom 등으로 바꿀 수 있습니다. 주어만 바꿔치기해도 10문장은 금방 만들어져요. 가능한 내 주변에 있는 사람의 이름이나 그 사람들을 떠올리면서 문장을 만드는 것이 좋아요.

What does she / he want to eat today?

(오늘 그 / 그녀 뭐 먹고 싶대?)

What do they want to eat today?

(오늘 걔네 뭐 먹고 싶대?)

What does your mom want to eat today?

(오늘 너희 엄마 뭐 드시고 싶대?)

그다음 시제와 주어를 같이 바꿀 수도 있어요.

What did you want to eat today?

(오늘 너는 뭐 먹고 싶었어?)

What did she want to eat today?

(오늘 그녀는 뭐 먹고 싶었대?)

물론 디테일 정보인 부사를 바꿀 수도 있죠.

What do you want to eat tonight?

What do your kids want to eat for breakfast?

What do you want to eat tomorrow?

조금 어려울 수도 있는 동사 바꾸기도 가능합니다.

What do you want to buy today?

What do you want to do today?

What do your parents want to do today?

이런 식으로 문장의 틀이 많이 바뀌지 않는 차원에서 조금씩 바꿉니다. 이렇게 훈련하다 보면 문장의 구조가 좀 더 입체적으로 보이기 시작합니다. 동네 사람들 이름 하나씩만 바꿔치기해도 한 문장 배워서 100문장 써먹는 게 가능해지죠.

피드백으로 단단하게, 훈련으로 깊숙하게 심어라

이쯤에서 이런 질문을 하시는 분들이 많아요.

"선생님, 이제 한 문장을 갖고 어떻게 문장 확장 놀이를 하는지 알겠어요. 그런데 문장 확장 놀이할 때 만든 문장이 맞는 문장인지는 어떻게 확인하죠?"

제일 좋은 방법은 피드백을 받는 거예요. 코치의 피드백을 받는 방법이 가장 편한 방법이지만, 혼자 알아볼 수도 있어요. 문장을 앞서 소개해드린 유글리시나 구글에 검색해보세요. 스스로 찾아가면서 공부를 하면 시간과 노력은 들지만 기억은 훨씬 더 잘됩니다. 쉽게 얻은 정보는 쉽게 까먹잖아요.

이런 식으로 훈련하는 과정 자체가 우리의 뇌를 엄청나게 자극합니다. 무작정인 암기는 뇌 자극이 덜합니다. 소리의 괴리감을 없애는 소리튜닝과 소리 블록, 영어의 기본 두 축이 만들어지면 이렇게 입과 귀를 훈련하시면 됩니다. 머리가 아니라 여러분의 입과 귀, 몸이 기억해야 해요.

한 문장으로
10문장 확장 놀이해 보세요

한 문장을 갖고 처음에는 최대한 문장을 틀을 유지한 채 조금씩 바꾸다가 문장 구조가 익숙해지면 점점 시제 및 주어 목적어 등 다양하게 바꾸는 놀이입니다. 10문장 정도만 해도 문장 구조가 입체적으로 다가옵니다.

I want you to make a decision.

EX.

- I want her to make a decision.

- She wants your sister to make a decision.

- I want you to stay healthy.

- My mom wants me to study hard.

I want you to make a decision.

①
....

②
....

③
....

④
....

⑤
....

⑥
....

⑦
....

⑧
....

⑨
....

⑩
....

Q. 누가 영어로 뭘 물어보면 아무 생각이 안 나요.
어떻게 하죠?

A. 사실 갑자기 물어보면 한국어로도 잘 생각이 나지 않지요.

긴장을 줄이고 대화를 수월하게 하기 위해서 아이디어 블록을 만드세요. 누군가 무언가를 물어본다는 전제하에 미리 대답을 준비해놓는 겁니다. 그리고 응용합니다.

예를 들어 '괜찮은 카페를 추천해줄래?'라는 질문에 대한 대답을 준비해놓으면, '괜찮은 식당을 추천해줄래?'라는 질문에도 같은 표현을 써서 쉽게 대답할 수 있겠죠?

이렇게 문장을 외워서 상황이 되면 툭 튀어나오게 훈련할 수는 있습니다. 그런데 외국인이 알아들을지는 또 다른 문제죠. 대답을 준비한 것에서 만족하지 말고, 전달하는 것까지 욕심내세요.

영어는 의사소통 수단입니다. 상대가 알아듣도록 말하기가 관건입니다. 꼭 소리 블록을 소리튜닝해서 입에 딱 붙여놓으세요.

SORITUNE ENGLISH REVOLUTION

SORITUNE ENGLISH REVOLUTION

4장

영어
천재로 가는

마인드튜닝
5원칙

<소리튠 영어 혁명> 영어천재로 가는 마인드 코칭

'반드시 되는 방법'으로 하세요.
더 멀리 즐겁게 오래 갈 수 있습니다.

툭 치면 나올 정도로 연습하고, '나'를 들여다보세요.
영어 훈련은 '나'로부터 시작됩니다.

-1-

내가 즐겁게 할 수 있는
정도로만 하라

모든 영어 단어를 다 알 필요는 없다!

간혹 이렇게 좌절하시는 분들이 있습니다.

"영어 공부를 진짜 열심히 했는데 CNN 기사가 아직도 다 이해가 안 가요. 법정 드라마 〈Suit〉 내용도 귀에 잘 안 들어와요."

한번 생각해보세요. 영어로 이해 안 되는 그 주제에 대한 한국어 기사는 이해가 잘되나요? CNN 기사 중에서도 평이한 주제를 담고 있는 기사 내용은 쉽지만 어떤 기사는 전문 분야에 대한 지식이 있어야 이해할 수 있을 것입니다. 법정 드라마 〈Suit〉 역시 잘 들리다가도 법적 지식이 나오면 어려울 수 있습니다.

한국 법정 드라마인 〈이상한 변호사 우영우〉가 인기였죠. 미국 교포 친구가 한국어를 나름 열심히 공부했는데도 드라마 내용이 100% 이해 안 된다고 하소연하더라구요.

그래서 저도 생각하면서 드라마를 한번 시청해봤습니다. '과연 한국어 원어민인 나는 100% 다 이해하는가?' 결론은 100% 다 이해 못한다는 것이었어요. 대충 느낌상 '위법이네. 누가 이겼네.' 이렇게 생각할 뿐, 우영우가 말하는 법 조항이나 사실 관계가 다 이해 가는 건 아니었습니다.

그런데 공부하는 사람들은 자신이 이해 못 하는 이유를 '내가 언어가 부족해서'라고 생각하게 되는 것이죠. 그래서 그 교포 친구에게 똑같이 물어봤어요.

"너는 〈Suit〉 드라마 들으면 다 이해하니? 잘 생각해봐. 우리가 법에 대한 지식이 없으니까 완벽히 이해하는 데 당연히 무리가 있어. 못 알아듣는 건 언어 문제가 아니라 법에 대한 용어가 익숙하지 않아서야."

영어를 잘하면 모든 영어 단어를 다 알 것 같지만, 아닙니다. 한국어 원어민인 우리도 그렇지 않으니까요. 예전에 제가 요가 지도자 연수를 갔을 때였어요. 정형외과 의사 선생님이 와서 뼈에 대한 설명을 해주셨는데, 의학 용어 대부분이 영어였습니다. 제 동기생이 저를 쿡 찌르면서 말하더라구요.

"좋겠다, 넌. 저 영어 다 알지?"

황당했습니다. 저는 저런 뼈가 있는지도 처음 알았고, 물론 단어들도 처음 들어보는 것들이었기 때문입니다.

영어는 언어이고 도구일 뿐입니다. 영어를 잘한다고 해서 의학, 경제, 과학, 정치 등의 전문 분야 지식까지 다 알아들을 수는 없어요. 언어의 문제가 아니라 지식의 문제죠.

그런데 우리는 이런 벽에 부딪칠 때마다 우리는 '나는 영어를 못해.'라고 생각합니다. 하지만 세상의 모든 영어 단어를 다 알 수는 없습니다. 모든 영어 단어를 다 알아야 한다는 생각에서 벗어나야 합니다.

덕후가 되라! 이해하고 싶은 분야를 즐겁게 파고들어라!

영어의 두 가지 기둥인 '소리튜닝'과 '소리 블록' 훈련이 완료되면 그다음부터는 본인이 좋아하거나 필요한 분야의 인풋 공부를 시작하세요. 외국어는 누가 잘할까요? 바로 '덕후'들이 잘합니다. '영화 덕후', '연예인 덕후', '축구 덕후', '책 덕후' 등 영어를 공부하려고 공부하는 사람들이 아닙니다. 야구 덕후는 야구를 좋아해서 미국 프로야구 메이저리그를 보다 보니 잘하게 되었고, 연예인 덕후는 그 연예인에게 편지를 쓰고 싶어서 열심히 하게 되죠. 요즘 전 세계적으로 인기를 얻는 BTS 덕분에 많은 팬들이 한국어 공부를 한다고 합니다. 언어는 원래 그런 것입니다. 자신이 좋아하는 주제에 대해 더 많은 정보를 얻고 싶어서, 더 제대로 느껴보고 싶어서 배우기 시작하는 거죠.

만약 여러분이 와인에 관심이 많아서 그런 외국인들과 심도 깊은 이야기를 하고 싶다면, 와인 관련 영상이나 영어로 된 와인책 등의 다양한 와인 관련 인풋 자료로 훈련을 해야 해요. 영어를 잘한다고 해서 와인에 조예가 깊은 외국인과 와인에 대해서 깊이 대화를 나눌 수 있는 건 아니에요. 와인을 하나도 모르는 저는 아마 "맛있다! 쓰다! 달다! 비싸다! 싸다! 프랑스 거니? 이탈리아 거니? 얼마나 오래된 거야?" 등의 대화가 최대일 듯합니다.

저는 자기계발 책을 좋아하는데, 한 구절 한 구절 저자가 의도한 바를 제대로 파악하기 위해서 원서를 읽습니다. 한 권 한 권 마음에 담아둔다는 생각으로 읽다 보니 자기계발 책에 나와 있는 어휘들이 익숙해졌습니다. 반면에 이제 막 읽으려고 노력 중인 경제 관련 책에 나오는 어휘는 어렵게 느껴져요. 이렇게 사람마다 관심사에 따라 아는 단어나 표현의 분야와 양이 다릅니다.

여러분은 무슨 '덕후'인가요? 이해하고 싶은, 알고 싶은 분야를 즐겁게 파고들면 영어로 듣고 말할 수 있는 범위도 차차 넓고 깊어질 것입니다.

다 잘하고 싶은 마음에서 벗어나 더 멀리 즐겁게 가자!

세상일이라는 게, 하고 싶은 것만 하고 살 수는 없죠. 관심은 딱히 없지만 업무상 알아야 하는 분야도 있습니다. 이런 경우에도 역시 인풋 훈련을 해줘야 합니다. 무역회사에 다녀서 영어를 잘해야 한다면, 일단 본인이 회사에서 쓰는 한국어를 생각해보세요.

일하면서 하루 종일 쓰는 한국어를 녹음해보는 것도 좋습니다. 그리고 그 말들을 영어로 할 수 있게 만들어놓는 것부터 시작하세요. 한 달만 해보면 우리가 생각보다 쓰는 말만 쓴다는 것을 알게 될 것입니다.

만약 외국인 회사에서 일하고 있다면 더 좋은 상황이에요. 저는 외국에서 건설회사를 다니면서 협상 관련 통역을 할 때 알았습니다. 언어를 잘한다고 한들 협상은 또 다른 부분이라는 것을요. 저는 원어민 중 협상을 잘하는 사람을 먼저 물색했습니다. 도대체 어떤 어휘와 표현을 쓰는지 알아야 했기 때문입니다. 저는 그 사람과 회의에 들어갈 때마다 전부 녹음했습니다.

그리고 퇴근 후에 그 사람이 한 말을 다 텍스트로 정리했죠. 그리고 그것을 다 외웠어요. 그렇게 하다 보니 협상 자리에서 외웠던 말들을 하나씩 꺼내 쓸 수 있었고, 점차 협상 언어가 제 것이 되어갔습니다. 사실 시중에 비즈니스 영어 수업도 많지만, 비즈니스에도 여러 분야가 있으니 배울 수 있는 표현이 한정되어 있을 수밖에 없습니다. 자신의 분야에서 쓰는 용어와 어휘는 스스로 정리하는 것이 최선입니다.

저는 두 아이의 엄마이자 자기계발을 사랑하는 유튜버이자 스타트업을 운영하는 CEO입니다. 그래서 제 전문 분야나 주요 대화거리는 아이 키우는 이야기, 아이 키우면서 힘든 이야기, 자기계발과 교육에 대한 이야기입니다. 그리고 취미가 자기계발 관련 책 읽기와 영상 보기라서 자기계발에 대한 대화도 좋아합니다. 최근에 교육 스타트업을 운영하면서 회사 운영에 대한 지식도 필요해지고 있어서 그쪽 분야 지식을 영어로 확대하고 있습니다.

　여러분도 통역사들처럼 전문 분야를 정하고 넓혀 나가시는 것을 추천 드려요. 처음부터 모든 분야를 다 듣고 말하고 싶은 마음에서 벗어나면 오히려 더 멀리 즐겁게 오래 갈 수 있습니다.

즐겁게 공부하는 데 이 프로그램
꼭 쓰세요!

소리를 익숙하게 듣고 편안하게 말할 수 있게 하고 나서, 덕질을 시작하세요. 그게 외국어를 오래 재밌게 잘할 수 있는 비법입니다. 여러분이 유튜브나 넷플릭스에서 편안하게 공부할 수 있는 프로그램을 알려드릴까 해요.

먼저 유튜브로 덕질을 하기 전에, 문장 구조를 보고 '이건 좀 어색한데?'라고 의심할 수 있는 수준이 되어야 합니다. 이 수준까지 올리는 데는 케이크(cake), 레드키위(redkiwi)라는 좋은 앱이 있습니다. 좋은 점은 사람이 하나하나 다 감수를 한다는 것이죠. 이런 앱을 통해서 문장 구조를 조금 익혀놓는 게 좋아요. 그런데 이런 앱들의 단점이 있죠. 나의 관심사와 상관없는 콘텐츠라는 것입니다. 그래서 어느 정도 하다 보면 재미없게 느껴질 수 있어요. 그럴 때 이 랭귀지 리액터(language reactor)

라는 프로그램을 이용하세요.

유튜브 영상 오른쪽에 자막이 생성됩니다. 모르는 단어의 의미를 바로바로 알 수 있고, 원하는 구간을 재생할 수 있습니다. 반복 재생도 됩니다. 자막을 프린트해서 볼 수도 있어요. 유튜브 10분 내외 영상들로 하루에 한 개씩 부담 없이 재밌게 공부할 수 있겠죠. 이런 식으로 덕질을 통해 평생 인풋을 쌓는다고 생각하시면 됩니다. 설치 방법과 모바일 활용 방법은, 유튜브 영상에서 확인해주세요!

모르는 단어, 문장 저장하고 복습

전체 자막 내보내기(프린트 가능)

원하는 문장 클릭해서 재생

이전 자막, 다음 자막, 반복 재생

토글 컨트롤 & 자막 위치 이동

and join the seeker family and now time to board the fight
하여 구직자 가족과 합류하고 지금 전투에 참여할 시간

케이크 어플

레드키위 어플

랭귀지 리액터 어플

유튜브로 영어 공부할 때 꼭 써야 하는 최고의 프로그램

'이 한 문장만 내 것으로 만든다!'고
마음먹어라

수동적 인풋으로는 능동적 아웃풋이 나오지 않는다

"선생님, 책을 읽을 때 모르는 단어가 나오거나 문장 구조가 나오면 어떻게 하나요? 이해 안 되어도 많이 읽고 암기하는 게 좋은지 아니면 이해 갈 때까지 파고드는 게 좋은지 모르겠어요."

이런 질문을 정말 많이 받습니다. 제 경험과 티칭 노하우로 보면 대충 보다는 제대로 하는 게 좋습니다. 머리에서 구조가 이해 가지 않는 문장은 절대 응용해서 쓸 수가 없어요. 물론 어떤 전문가분들은 모르는 단어가 있어도 유추하고 문맥상 파악하면서 대충 읽으라고 하시는 분들도 있습니다. 이 방법은 책을 빨리 읽는 데 도움이 될 수 있겠지만 그 문장 구조를 응용하는 단계까지 생각한다면 그다지 도움이 되지 않습니다. 이해되지 않은 문장은 단순 암기만 가능한데, 짧고 단순한 문장이라면 외워서 쓸 수는 있습니다. 하지만 응용해서 써야 하는 문장이라면 그 구조를 제대로 이해하지 않고는 쓸 수가 없습니다.

이전에 어떤 분이 이런 하소연의 글을 남기셨어요.

"선생님, 저는 정말 안 해본 공부가 없어요. 원서도 여러 권 읽었어요. 영화 섀도잉도 한 바퀴 돌렸어요. 그런데도 여전히 제자리인 듯해요. 영어로 간단한 의사 표현도 안 나와요. 몇 년간 하루 30분에서 많으면 2시간까지도 하는데 왜 간단한 문장도 못 만드는지 모르겠어요."

이분의 글을 봤을 때 첫인상은 너무 수동적인 훈련만 하셨다는 것이었어요. 읽으셨다는 원서들은 많은 영어 유튜버들이 추천해주는 책들이었습니다. 본인의 아웃풋 수준을 고려하지 않고 인풋 수준만 고려한 레벨의 책이었던 것이죠. 소설『파친코』나『Wonder』는 일반 미국인 어른들이 읽는 책입니다. 한 페이지 진도 나가기도 힘들 것입니다. 매번 어려운 문장을 수동적으로 읽기만 하니 간단한 문장도 나오지 않는 것입니다.

나의 아웃풋 수준을 고려해서 읽기 자료를 구하고, 한 문장 한 문장을 읽을 때 "내가 이 문장을 응용해서 나중에 말할 수 있을 만큼 충분히 완벽히 구조가 이해가 되나?"의 기준을 갖고 읽으세요. 그리고 한 문장으로 문장 확장과 나만의 블록 만들어보기를 해보세요. 능동적으로 훈련해야 합니다.

"Why?"와 "What?"을 달고 살아라

외국어를 공부할 때 가장 좋은 습관은 항상 "Why?"와 "What?"을 달고 사는 것입니다. 나중에 그 문장 구조를 써서 말할 수 있을 정도로 이해하고 나서 넘어가야 합니다. 조금이라도 이해 가지 않으면 "Why?" 해야 합니다. 왜 여기에 이 단어가 쓰였지? 내가 응용해서 이 문장 구조로 말할 수 있나? 만약에 아니라고 한다면 이해될 때까지 파고들어야 합니다. 외국어가 빨리 느는 사람들의 특징은 호기심이 많다는 것입니다.

'방금 한 말, 영어로는 뭐라고 말할 수 있을까?'
'이 단어 처음 보는데 이건 무슨 뜻이지?'

평소에도 이런 일상에서의 호기심이 필요해요. 그런데 책을 읽다가 영화를 보다가 계속 "Why?"를 외치면 흐름이 계속 끊기고 진도가 너무 더디겠죠. 그래서 필요한 것이 내 수준에 맞는 자료입니다. 다른 사람이 읽는다고 너무 높은 수준의 것을 따라 읽으면 읽는 내내 "Why?"를 외치다가 지치게 됩니다.

지금 읽는 수준보다 조금 낮은 수준으로 시작하는 게 좋습니다.

"Why?"를 외칠 때의 기준이 '읽을 수 있느냐'가 아니라 '내가 충분히 이해해서 나중에 이 문장 구조를 응용해서 아웃풋을 만들어 낼 수 있느냐'이기 때문입니다. 앞에서 아는 단어라고 생각했지만 사실은 모르고 있었던 단어가 한 트럭이라는 걸 체감하셨죠? 이것도 마찬가지입니다. 읽을 수 있으니까 아는 문장이라고 생각했겠지만 아닐 거예요. 그래서 말하기를 위한 인풋 훈련은 어린이책으로 시작하는 게 좋습니다.

"문장에서 시작 블록, 중심 블록, 상세 블록은 뭐지?"

이렇게 계속 뇌를 자극하면서 읽어야 해요. 그래야 문장 구조가 입체적으로 보이기 시작합니다. 그렇게 입체적으로 봐야 나중에 이 문장 구조를 응용해서 말하거나 쓸 수 있습니다. 그냥 주어진 자료를 수동적으로 읽고 듣는 것만으로는 아웃풋을 기대하기 힘듭니다. 물론 그냥 읽기만 했는데 되는 사람도 있죠. 하지만 여러 번 말했지만, 우리는 모두 다릅니다. 같은 결과를 기대하기는 어렵기 때문에 '반드시 되는 방법'으로 하세요.

스피킹을 위한
단어 암기법

"단어는 도대체 언제까지 외워야 돼요?"라고 물으신다면 대답은 "끝이 없습니다!"입니다. 원어민도 모든 영어의 단어를 다 알고 있지 못합니다. 한국인인 우리도 모르는 한국말 단어 많습니다. 어차피 단어 암기가 끝이 없을 거라면, 실전에서 쓸 수 있는 단어 암기를 해야겠죠. 깜지처럼 1:1로 암기하는 방법으로는 절대 실전에서 쓸 수 없습니다.

새로운 단어는 꾸준히 보일 겁니다. 새로운 단어를 접할 때마다 정리를 해도 좋습니다. 제가 쓰는 앱을 하나 추천드릴게요. 워드 오브 더 데이(Word of the day)입니다. 어휘 수준을 테스트하고 하루에 하나씩 단어와 함께 영영 사전을 보여줍니다. 그리고 좋은 기능은 구글에 연결됩니다. 이미지를 바로 볼 수 있어요. 단어를 외우는 데 굉장히 많이 도움이 돼요. 그리고 이 단어를 유글리시로 갖고 오세요. 어떤 전치사, 어떤 동사와 같이 쓰이는지 알 수 있습니다. 그리고 마지막으로 이 단어를 써 보세요. 주변에 원어민이 없다면 헬로톡(Hello Talk)이라는 앱을 추천합니다. 원어민들이 많으니 물어보면 됩니다.

스피킹, 리스닝에 바로 쓸 수 있는 단어 암기를 위해서 이 어플들을 많이 이용해보세요!

워드오브더데이 어플

헬로톡 어플

스피킹을 위한 단어 암기법

- 3 -

가능하면 반드시 피드백을
받아라

소리 훈련에 있어 피드백은 필수다

무언가를 배울 때 가장 효과적인 방법은 짧은 강의, 훈련, 피드백입니다. 간혹 인스타에 낭독 챌린지 하는 분들의 소리를 들어봅니다. 물론 잘하시는 분들도 있지만, 개인적으로 너무 안타깝다고 느낀 적이 많습니다. 이렇게 열심히 하시는데 나중에 원하는 결과가 안 나와서 속상해하실 것이 눈에 보이기 때문입니다. 모르는 분이지만 피드백을 드리고 싶다는 충동을 느낄 때가 한두 번이 아니죠.

영어 소리 훈련은 가능하다면 전문 코치의 피드백을 받는 것이 좋습니다. 물론 영작 같은 다른 훈련도 피드백이 병행되면 너무 좋지만, 특히 소리 훈련은 피드백을 받았을 때 가장 빠르게 좋아지는 훈련입니다.

만약 전문 코칭을 받을 상황이 되지 않는다면 주변 사람들과 '피어 피드백(peer feedback)'이라도 주고받는 것을 추천합니다. 피어 피드백조차 도움이 되는 이유는 우리가 우리 자신의 소리에는 관대한 편이기 때문입니다. 하지만 다른 사람의 과제에 있어서는 조금 객관적인 편이죠. 셀프 피드백보다는 좀 더 객관적인 피드백을 받을 수 있다는 것입니다.

그런데 피어 피드백은 제대로 이뤄지지 않을 수도 있습니다. 즉, '저 사람 소리도 별로인 것 같은데… 본인이나 잘하지 왜 나한테 이런 피드백을 주지?' 할 수 있다는 거죠. 파트너에 대한 신뢰도가 없으면 피드백은 제대로 이뤄지지 않을 수도 있어요. 그래서 여러분이 생각할 때 자기보다 잘한다고 생각되는 사람의 피드백을 받는 것이 도움이 됩니다. 그래야 그 피드백에 대한 신뢰가 생기기 때문입니다.

소리 훈련에 있어서 피드백은 필수입니다. 아무리 강의를 잘 만들어도 사람마다 소화하는 속도가 다르기 때문에 개별적으로 디테일하게 잡아줘야 고생 없이 빠르게 좋아집니다.

"계속 큰 소리로 자신 있게 소리 내면서 영어 읽으세요. 그러면 언젠가 좋아집니다."

'언젠가'라는 말은 무섭고 무책임한 말이죠. 이런 말을 듣고 훈련해서 되는 사람이 있고 쉽게 되지 않는 사람도 있어요. 도대체 '언젠가'가 언제 인가요? 이렇게 '언젠가'만 바라보고 훈련하다가 힘만 들어서 종국에는 포기하는 분들이 많습니다. 스키를 배우고 싶다고 했더니 어떤 분들은 이렇게 말합니다.

"스키, 그거 뭘 배워? 그냥 가장 높은 데 일단 올라가서 넘어지면서 내 려와봐. 계속 몇 번 구르고 넘어지다 보면 타게 되어 있어."

이게 가능한 분들은 운동 신경을 타고난 분들이죠. 운동 신경이 둔하 신 분들이 이렇게 하다가는 자칫 사고가 날 수 있습니다. 저에게는 이 두 이야기가 비슷하다고 느껴집니다.

사람의 피드백이 마음을 움직인다

사람이 다 다르다는 것을 전혀 고려하지 않은 '나도 했으니 너도 할 수 있어.' 식의 가르침은 위험한 발상이에요. 사람의 기질을 파악해서 세밀

하게 다가가는 휴먼 코칭이 이제 교육계의 새로운 물결입니다. 미래 지향적이라고 하면 AI 코칭을 떠올리지만, 사람의 마음을 움직이는 것은 인간만이 할 수 있습니다. 영어 앱을 깔아놓으면 매시간에 푸시 알림이 옵니다. 'ㅇㅇ님! 훈련하셔야죠!' 마음이 동하시던가요? 푸시 알림을 끄기 바쁘죠. 그런데 사람 코치의 메시지는 무시할 수가 없습니다. 같은 '훈련하셔야죠!'라는 말이지만 우리의 마음을 움직이거든요.

지금까지의 우리 교육 현장은 선생님의 원맨쇼 강의가 대부분이었습니다. 초등, 중등, 고등, 대학, 학원, 인강 등 모두 마찬가지죠. 2000년대 초반, 어학 학원의 흔한 풍경은 넓은 강의실에 다닥다닥 붙어 앉아 있는 수백 명의 학생들과 교단을 종횡무진하는 선생님이었습니다. 강의를 하나 보고 나면 지칠 정도로 길어서, 이후에 스스로 훈련하거나 모여서 피드백을 주고받을 수 있는 여건이 아니었습니다. 강의를 듣는 것 자체가 공부였던 시절입니다. 이러니 수업 후에도 따로 훈련한 '대단한 학생들'만이 좋은 결과를 얻었고, 이에 대한 문제 인식이 교육계 전반에 깔리기 시작했습니다. 그러면서 '강의를 짧게 하고 훈련을 하게 하자'는 기조가 자리 잡은 거죠.

요즘 어학 교육 시장을 보면 콘텐츠를 가지고 훈련할 수 있게 하는 프로그램이 대세입니다. 애니메이션, 영화, 드라마 등등 다양하죠. 하지만 또 다시 교육 시장이 바뀌고 있습니다. 아무리 좋은 강의를 제공하고 아무리 많은 훈련 자료를 줘도 학생이 제대로 소화하지 않는다면 소용이 없죠. 그래서 점점 강의는 짧아지고 훈련이 많아지고, 그 훈련을 잘하고 있는지 피드백 하는 시간까지 많아지고 있습니다. 이것이 이제 자리 잡을 것입니다. 왜냐하면 이게 가장 효과적인 방법이니까요.

저는 이 방향이 가장 바람직하다고 생각합니다. 제 프로그램을 만들 때도 가장 많이 생각한 부분이죠.

강의는 짧고 임팩트 있게! 훈련을 많이!
그리고 꼭 피드백을 어떤 형식으로든 받게 한다!

- 4 -

영어는 일상으로부터
시작하라

"선생님, 저는 나름 영어 고급자라고 생각해요. 뉴스나 신문을 봐도 다 이해하고 어학 점수도 굉장히 높거든요. 그런데 이번에 해외여행 나가서 정말 충격받았어요. 제 동생이 저보다 더 영어를 잘하더라구요. 걔는 공부도 못하고 영어 성적도 안 좋은데… 정말 속상해요."

뉴스나 신문에서 나오는 어려운 어휘들은 다 아는데 정작 쉬운 일상의 말이 어렵다고 하시는 분들이 많습니다. 제 주변의 통역사 친구들도 매일 푸념하는 부분입니다.

"차라리 연설 통역이나 뉴스 통역은 하겠는데, 오찬 모임 수행 통역은 정말 너무 싫어."

왜냐하면 보통 통역사 준비를 할 때는 뉴스나 신문으로 공부를 합니다. 그래서 오히려 일상의 대화를 통역하기는 어렵게 느껴집니다.

사실 외국어의 시작은 '나'입니다. 먼저 모든 말들을 'I'로 훈련해야 해요. 그런데 미드 공부하고 뉴스 공부만 하면 내 삶과 동떨어진 상황과 말을 접하게 됩니다. 그래서 공부를 많이 한 것 같은데 '나'라는 사람에 대해서 말을 못 하게 되는 상황이 생깁니다.

외국어를 공부할 때 가장 큰 덕목은 '호기심'입니다. 일상의 모든 활동과 물건에 대한 호기심이 많아야 해요. 아이들이 언어를 처음 배울 때처럼 말입니다. 아이들이 모국어를 익힐 때 엄마를 힘들게 하는 한마디가 있습니다.

"엄마! 이거 뭐야?"

하루 종일 물어보는 아이도 있어요. 이렇게 영어를 훈련해야 합니다.

"이건 영어로 뭐라고 할까?"

"이건 처음 보는 단어인데 무슨 뜻이지?"

이런 호기심을 가지고 스스로에게 물어봐야 해요. 엄마를 대신해줄 코치를 찾거나 구글이나 네이버에 검색해야겠죠. 요즘은 파파고나 플리토 같은 번역 서비스도 많이 좋아졌어요.

외국어의 시작은 '나(I)'로 하라

'나'와 '나의 삶'에 대해서 말하는 것부터 시작해야 합니다. '일상을 영어로'라는 습관을 만들어야 합니다. 방금 누군가에게 "나 오늘 입맛이 없어."라는 말을 했다면 스스로에게 물어보세요. "이거 영어로 뭐라고 하지?" 바로 답을 찾아보지 마세요. 외국인에게 반드시 어떻게든 이 말을 해야 한다고 가정하고 나름 문장을 만들어보세요.

정말 정말 도저히 뭐라고 해야 할지 모르겠다면, 비슷한 말이라도 해보세요. "먹고 싶지 않아."라는 말이라도 해보는 것입니다. 딱 원하는 말이 생각나지 않는다고 바로 포기하는 습관은 좋지 않습니다. 원하는 말과 비슷한, 80%라도 대체할 수 있는 말을 찾아서 어떻게든 전달하는 걸 습관화해야 합니다.

1:1의 완벽한 매칭 문장과 단어를 찾으려고 하지 마세요. 찾아지지 않으면 아무 말도 하지 않게 됩니다. 외국어에는 완벽한 매칭이란 없어요. 단지 가장 유사한 말을 하는 것입니다. 한국어에는 있는데 영어로는 표현되기 힘든 것들도 있고, 러시아어로 하면 찰진 말인데 한국어에는 없는 말들이 있어요. 그래서 애초에 1:1 매칭이라는 것 자체가 안 될 때가 많습니다.

그리고 먼저 '나'라는 사람에 대해서 말하는 연습부터 시작해보세요. 제가 오픽이라는 말하기 시험을 가르쳐보고 싶다고 느낀 가장 큰 이유는 처음부터 끝까지 주체가 'I'였기 때문입니다. 1번 문제는 무조건 "Could you briefly introduce yourself?(간단히 자기소개 해주시겠습니까?)"가 나옵니다.

우리는 누군가를 만나면 자기소개를 합니다. 이름이 뭐고, 어떤 일을 하고, 이 일을 얼마나 했고 등등 그렇다면 적어도 자기소개 정도는 툭 치면 나올 수 있도록 훈련을 해야 합니다. 만약 아직 자기소개를 준비한 게 없다면 한번 써보세요. 나라는 사람을 조리 있게 소개하기가 쉽지 않습니다. 사실 한국어로도 자기소개 하기가 영 쑥스럽고 어색하죠. 나를 최대한 잘 표현할 수 있도록 길지 않고 임팩트 있게 하나 준비하세요. 그리고 툭 치면 나올 정도로 연습해두세요. 영어 훈련은 여기에서부터 시작입니다.

'나'로 시작하는 게 어렵다면,
오픽을 해보세요

영어를 '나'로 시작하는 게 어렵다면 오픽 시험을 준비해보는 것도 나쁘지 않습니다. 꼭 시험 점수를 받으라는 것이 아닙니다. 오픽은 '나'에 대한 200개 이상의 주제에 대해서 말하는 시험입니다.

시험을 준비하는 과정에서 내가 좋아하는 레스토랑, 친구, 좋아하는 물건 등의 주제를 연습하다 보면 '나'에 대해서 영어로 말하는 게 수월해질 것입니다. 시험 결과가 굳이 필요하지 않다면 준비만 하고 시험은 보지 않아도 됩니다. 영어를 '나'로 시작했다는 것에 의의를 두면 되죠. 그러나 어차피 준비한 것이니 시험을 한번 보는 것도 추천합니다.

- 5 -

귀와 입에 딱 붙여서
기억하라

듣기 말하기를 잘하고 싶다면 입과 귀를 써라

제가 오픽을 가르칠 때였어요. 이틀 뒤가 시험이었어서 다들 입으로 열심히 훈련을 하고 있는데 한 수강생만 열심히 워드에 뭔가를 치고 있었습니다.

"L님, 입으로 훈련 안 하시고 뭐 하세요?"
"나올 수 있는 모든 시험 문제에 대한 대답을 워드로 정리하고 있어요."

제가 많은 시각형 수강생들을 만나면서 알아낸 특징이 있어요. 일단 필기하는 것을 매우 좋아합니다. 그것도 예쁘게요. 그래서 필기구를 좋아합니다. 수업을 하려고 하면 받아쓸 준비부터 합니다. 수업을 들을 때 교재가 없으면 불안해합니다. 기록하는 것은 좋은 습관이에요. 하지만 말하기 훈련을 해야 하는데 자꾸 정리만 하려고 하는 것은 문제죠. 말하고 듣기를 잘하고 싶다면서 눈과 손만 움직이시는 분들이 많습니다. 앞서 말씀드린 일련의 모든 방식의 훈련은 입과 귀로 해야 합니다.

'소리 블록', '문장 확장', '2,000단어 공부', '나와 내 주변에 대해서 말하기'…. 이 모든 훈련은 눈과 손으로 해서는 안 됩니다. 문장 확장을 할 때 공책에 쓰기만 한다면 어떻게 입에서 술술 나올까요? 입으로도 소리 내고, 귀로도 들어봐야 합니다. 그렇게 훈련을 해야 말하기 듣기라는 결과를 기대할 수 있을 것입니다. 눈과 손만 훈련하고서 "왜 나는 이렇게 공부를 많이 했는데 여전히 듣고 말하기가 안 되지?"라고 한탄하고 있지는 않나요? 지금 그런 생각을 하셨다면, 오히려 안도하셔도 좋습니다. 이때까지 눈과 손으로만 훈련해서 듣기 말하기가 안 되는 것일 테니, 이제부터라도 귀와 입으로 훈련하면 됩니다!

'아임 파인 땡큐 앤 쥬?'처럼 툭 치면 나오도록 반복하라

귀와 입으로 영어를 훈련하기. 여기서 한 스푼 더하자면 반복입니다.

모든 영어 소리 블록을 '아임 파인. 땡큐. 앤 쥬?'처럼 툭 치면 나오게, 듣자마자 들리게 하는 훈련이 필요해요. 그러려면 반복해야 합니다. 우리가 하루 이틀해서 'How are you?' 했을 때 'I am fine. Thank you. And you?'를 하게 되었나요? 아니죠. 그래서 언어는 무한 반복이 답입니다. 대신 그 무한 반복을 손과 눈이 아니라 입과 귀로 해야 합니다. 그래야 말할 상황이 생겼을 때 튀어나올 것입니다.

예전에 미주 중앙일보에 나온 우스개 이야기가 있었습니다. LA에 사시는 어떤 교포가 도로에서 차를 운전하다가 사고가 났습니다. 제법 큰 사고여서 머리에서도 피가 흘렸죠. 경찰이 다가와서 "Are you okay?(괜찮아요?)"라고 물었습니다. 그러자 그 교포분이 너무 당황한 나머지 이렇게 말했다고 해요.

"I am fine. Thank you. And you?"

우스개 이야기지만 마냥 웃을 수 없는 이야기죠. 얼마나 저 말이 입에 붙었으면 당황했을 때 저 말이 나왔을까요? 사실 '아임 파인 땡큐 앤쥬'가 문제가 아니에요. 당황스러운 상황에서 나올 수 있는 입에 붙은 문장이 그것밖에 없다는 것이 문제죠. 그래서 모든 문장을 훈련할 때는 툭 치면 나올 정도로 훈련을 해야 합니다. 그래야 외국인이 물었을 때 당황스럽고 긴장하더라도 말할 수 있고 들을 수 있습니다.

저는 N수생을 상대로 수능 영어를 가르치기도 했습니다. 한 친구가 수능 시험에서 영어 듣기 평가 시험을 평소보다 너무 못 봤습니다. 그래서 제가 왜 이렇게 많이 틀렸냐고 물었습니다.

"선생님. 시험 보는데 앞 친구가 다리를 너무 많이 떨었어요. 그게 신경 쓰여서 잘 못 들었어요."

이 친구가 속상할까 봐 앞에서 말은 못 했지만 속으로 생각했어요.

'옆에서 차가 지나가도 아임 파인 땡큐 앤쥬는 들릴걸.'

훈련이 덜된 것뿐이죠. 반복을 위해서는 플래시 카드 이용이 제일 편하고 좋습니다. 종이에 쓸 수도 있겠지만, 좋은 앱이 많으니 이용해주면 좋겠죠. 시간 날 때마다 영한 혹은 한영 방식으로 문장 확장 퀴즈를 해주세요. 눈만 아니라 입과 귀도 같이 훈련하셔야 해요. 이미 소리튜닝 기둥이 완성되신 분들은 특히 이런 훈련을 하실 때 소리튜닝된 입과 귀로 훈련해야겠죠. 외국어를 잘하게 되는 기준은 누가 똑똑하냐가 아닙니다. 누가 지치지 않고 즐겁게 계속하느냐입니다. 즐겁게 계속 습관처럼 할 수 있게 힘들지 않은 환경을 만들어줘야 해요. 그래야 귀와 입으로 반복해서 해나갈 수 있기 때문입니다.

반복 훈련 앱 추천!
퀴즐렛!

제가 애용하는 단어 앱은 퀴즐렛이라는 앱입니다. 저는 아직까지 이것보다 좋은 앱을 찾지 못했어요.

가장 큰 장점은 기계음이지만 내가 적은 문장의 영어 소리를 들려준다는 점이에요.

그리고 다양한 퀴즈 방식으로 단어나 문장 카드를 얼마나 기억하고 있는지 체크해볼 수 있다는 점도 장점입니다. 그리고 친구와 단어장을 공유하면서 같이 만들어나갈 수도 있습니다.

〈소리튠 영어〉 수강생 회원님들은 이 앱을 이용해서 다 함께 2,000단어 뽀개기를 하고 있죠.

혼자 만들면 10개도 지겹지만, 10명이 10개씩만 하면 100개가 완성됩니다. 우리는 함께할 때 뭐든 더 잘할 수 있습니다.

퀴즐렛 어플

SORITUNE ENGLISH REVOLUTION

SORITUNE ENGLISH REVOLUTION

5장

소리튠
영어 혁명,

2주 실전 훈련
완벽 로드맵

Day 01~05

시작 블록
소리튜닝으로
코팅하기

우리가 영어를 어렵다고 느끼는 가장 큰 이유는 한국어와 영어가 너무 다르기 때문입니다. 다르게 느끼는 가장 큰 이유 두 가지는 바로 소리와 어순이에요. 어순이 다르니 말을 할 때 여러 단어가 머릿속에 떠오르지만 어떤 것을 먼저 내보내야 할지 결정이 어렵습니다. 이때 블록을 그냥 의미 블록으로만 나누지 말고, 시작 시점에 많이 쓰이는 시작 블록을 따로 많이 만들어두면, 크게 어순 걱정하지 않아도 바로 말을 시작할 수 있게 됩니다.

DAY 01. *want to*

각각 같은 자음 t로 끝나고 시작하기 때문에 하나로 뭉쳐집니다. 그러면 wanto 이렇게 붙죠. 그런데 want는 내용어이고, to는 기능어입니다. 이 단어를 한 단어라고 생각하고 강세 표시를 하면 ['wanto]가 됩니다. sister와 같은 D d 리듬의 한 단어죠. 그런데 이 블록은 사람들이 너무 많이 쓰는 블록이다 보니 더 편하게 말하는 경향이 있어요. wanto에서 더 편하게 축약해서 wanna['wɑːnə]라고 소리를 냅니다. 강세 리듬을 이용하면 훨씬 소리 내기가 편해요.

워너

◆ I wanna(나는 ~을 원해)

I wanna는 banana와 같은 리듬인 d D d입니다. 한 단어처럼 쓰면 Iwanna 이렇게 보여요. 이렇게 한 단어라고 생각하고 강세 리듬에 맞춰서 소리 내면 훨씬 더 효율적으로 소리 낼 수 있어요.

3번만 훈련해볼게요.

"같은 리듬인 단어와 번갈아가면서!"

ba**na**na I**wa**nna

ba**na**na I**wa**nna

ba**na**na I**wa**nna

이제 입에서 편해졌다면 소리 블록을 연습해볼게요.

	d D d D
갈래.	I wanna **go**.
나 먹고 싶은데.	I wanna **eat**.
나 자고 싶어.	I wanna **sleep**.
떠날래.	I wanna **leave**.
나 배우고 싶어.	I wanna **learn**.

어때요? 훨씬 입에 잘 붙죠? 이제 뭔가 하고 싶은 것을 말할 때는 소리 블록 I wanna에 원하는 동사를 붙이면 됩니다! 이제 응용을 좀 해볼게요. 하고 싶을 수도 있겠지만 하고 싶지 않을 수도 있겠죠?

◆ I don't wanna(~하고 싶지 않아)

I don't wanna에서 don't와 want가 내용어예요. 그래서 한 단어처럼 쓰여 Idon'twanna, d D D d 리듬입니다. 이렇게 D가 연달아 있을 때는 사실 두 단어 다 같은 힘으로 뱉어낼 수가 없어요. 이럴 때는 둘 중에 더 뱉어주는 D를 정해줘야 편하게 소리 낼 수 있어요. 어디다 더 뱉을지는 말하는 사람이 결정할 수 있고 그에 따라 살짝 뉘앙스가 다르게 느껴져요. 보통은 wan에 더 뱉는 편입니다. 그래서 d d D d에 가깝게 되죠. 이 소리 블록도 워낙 많이 쓰는 말이어서 I don't를 조금 더 편하게 d 소리를 ㄹ로 내고 t를 떨어트려서, '아론' 혹은 '아이론' 이렇게 좀 더 편하게 소리 내는 편입니다.

3번만 훈련해볼게요.

"d 소리를 ㄹ로 내고 t를 떨어트려서!"

Idon'twanna

Idon'twanna

Idon'twanna

자, 이제 소리 블록을 연습해볼게요.

	dd D d D
안 갈래.	Idon'twanna go.
나 먹고 싶지 않아.	Idon'twanna eat.
나 자고 싶지 않아.	Idon'twanna sleep.
떠나고 싶지 않아.	Idon'twanna leave.
나 배우고 싶지 않아.	Idon'twanna learn.

◆ Do you wanna(~고 싶니?)

하고 싶을 수도, 하기 싫을 수도 있으니 물어볼 수도 있죠. 원래 Do you want to인데 내용어는 want밖에 없습니다. 그래서 한 단어처럼 쓰면 Doyouwanna가 되고 d d D d 리듬이죠. 한 단어처럼 강세 리듬을 주고 입에 붙이고 귀에 붙이는 것이 중요합니다. 한국어로 소리를 표기하자면 '두유워너' 정도가 되겠죠.

3번만 훈련해볼게요.

DoyouWanna

DoyouWanna

DoyouWanna

자, 이제 소리 블록을 연습해볼게요.

	d d D d D
갈래?	Doyou**wa**nna **go**?
먹고 싶어?	Doyou**wa**nna **eat**?
자고 싶어?	Doyou**wa**nna **sleep**?
떠나고 싶니?	Doyou**wa**nna **leave**?
배우고 싶어?	Doyou**wa**nna **learn**?

DAY 02. going to

going to는 대부분 gonna로 축약해서 소리 냅니다. 기능어이기도 하고 워낙 많이 말하는 블록이기 때문입니다. 이 블록은 기능어이기 때문에 강세 음절은 없어요. 리듬으로 표현하자면 d d 리듬이죠. 그래서 강세를 주지 않고 빠르게 지나가듯이 처리해주세요. 그래도 발음기호를 보면 ['gənə] 앞 음절에 강세가 찍혀 있긴 합니다. 그래서 뭔가 '~할 거야'라는 말을 강조하는 뉘앙스를 말하고 싶을 때는 앞에 음절인 go에 강세를 줘서 D d 리듬으로 소리 내주세요. 하지만 대부분은 빠르게 지나가는 소리를 내요. 한국어로는 '거나'처럼 소리나죠. 하지만 공식적인 자리에서는 gonna 대신에 going to로 소리 내는 편입니다.

◆ **I'm gonna(나는 ~할 거야)**

I'm going to는 한 단어처럼 I'mgonna 강세 없이 빠르게 처리해주세요. I'm을 소리 내는 방식은 많습니다. [aɪm(아임)], [am(암)], [əm(음)] 이렇게 뒤로 갈수록 더 빠르고 뭉개져요. 이중에서 본인에게 편한 소리를 하나 정해두고 그렇게만 소리 내셔도 됩니다. 다만 리스닝에서는 3개의 소리가 다 I'm이라는 것만 기억하시면 되겠죠.

3번만 훈련해볼게요.

"빠르게 입으로 중얼거리듯이!"

I'mgonna

I'mgonna

I'mgonna

이제 입에서 편해졌다면 소리 블록을 연습해볼게요.

	d d d D
나 갈 거야.	I'mgonna **go**.
나 먹을 거야.	I'mgonna **eat**.
나 잘 거야.	I'mgonna **sleep**.
나 떠날게.	I'mgonna **leave**.
나 배울 거야.	I'mgonna **learn**.

◆ You're gonna(너는 ~할 거야)

You're going to 블록도 소리튜닝 해볼게요. You're는 you의 소유 격 your과 소리가 같다고 생각하시면 됩니다. 한 단어처럼 쓰자면 You' regonna 이렇게 되죠. 역시 내용어가 하나도 없기 때문에 한 단어처럼 중얼거리듯 '유얼거나' 하고 빠르게 지나갑니다.

3번만 훈련해볼게요.

"빠르게 지나가듯 중얼거리면서!"

You'regonna

You'regonna

You'regonna

이제 입에서 편해졌다면 소리 블록을 연습해볼게요.

d d d D

넌 갈 거야.	You're gonna **go**.
넌 먹을 거야.	You're gonna **eat**.
너 잘 거잖아.	You're gonna **sleep**.
넌 떠날 거야.	You're gonna **leave**.
넌 배울 거야.	You're gonna **learn**.

◆ We're gonna(우리는 ~할 거야)

We're going to 블록 소리튜닝 해볼게요. We're는 we are의 축약형으로 소리는 are의 과거형 were와 같다고 생각하면 된다고 앞서 말씀드렸죠. 말할 때마다 We're는 were라고 생각하고 소리 내면 됩니다. 원래 we're의 소리는 [wɪr(위얼)]이라서 이렇게 해도 됩니다. 듣기를 할 때는 두 소리 다 똑같이 we're라고 인지하실 수 있어야겠죠. 한 단어처럼 연습해볼게요. 모든 단어가 다 기능어이므로 We'regonna(월거나) 이렇게 한 단어처럼 지나가듯이 편하게 소리 낼 수 있어요.

3번만 훈련해볼게요.

"한 단어처럼 지나가듯이!"

We'regonna

We'regonna

We'regonna

이제 입에서 편해졌다면 소리 블록을 연습해볼게요.

d d d D

우리 갈 거야.	We'regonna **go**.
우리 **먹을** 거야.	We'regonna **eat**.
우리 **잘** 거야.	We'regonna **sleep**.
우리 **떠날** 거야.	We'regonna **leave**.
우리 **배울** 거야.	We'regonna **learn**.

have to[hæv tə]는 '해브투' 이렇게 3음절로 소리 내면 안 됩니다. 우리는 자음으로 끝나는 단어에 '으'를 붙이는 습관이 있는데, 사실 모음의 개수(발음기호 기준)가 2개니까 2음절로 소리 내야 하죠. v는 살짝 들리지 않아도 됩니다.

---

ha_vto

해브투

같은 D d 리듬인 단어와 번갈아가면서 훈련해봅시다.

---

si**s**ter ha_vto

si**s**ter ha_vto

si**s**ter ha_vto.

◆ **I have to(나는 ~해야 돼)**

I have to는 d D d 리듬인 banana와 같이 소리 내면 됩니다. Ihaveto 이렇게 한 단어처럼 쓰니까 왠지 더 편하게 소리가 나올 거 같지 않아요?

3번만 훈련해볼게요.

"같은 리듬의 단어와 번갈아가면서 훈련해볼게요!"

ba**na**na I**ha**veto

ba**na**na I**ha**veto

ba**na**na I**ha**veto

이제 입에서 편해졌다면 소리 블록을 연습해볼게요.

	d D d D
나 가야 해.	I**ha**veto **go.**
나 먹어야 해.	I**ha**veto **eat.**
나 자야 해.	I**ha**veto **sleep.**
나 떠나야 해.	I**ha**veto **leave.**
난 배워야 해.	I**ha**veto **learn.**

◆ I don't have to(~할 필요 없다, ~ 안 해도 돼)

don't have to 블록에서 내용어는 don't와 have입니다. 리듬이 d D D d 인데, 이렇게 D가 연달아 있을 때는 두 소리 다 뱉어주기가 힘들어요. 그래서 둘 중에 더 뱉는 소리가 있어야 편해요. 어디를 더 강조하냐에 따라 뉘앙스가 좀 달라집니다. 물론 굉장히 강조하는 느낌으로 또박또박 소리 낼 때는 don't have 둘 다 제대로 뱉어줄 수도 있습니다. 여기서는 가장 빈번하게 편하게 소리 내는 방식으로 훈련해볼게요.

don't보다 have를 더 뱉어주고, I don't도 조금 더 편하게 '아이론' 느낌으로 d 사운드를 살짝 편하게 처리해줍니다. 그래서 d D D d 리듬이라기보다 d d D d 리듬에 가까워집니다. 이런 느낌으로 한 단어처럼 연습해주세요.

3번만 훈련해볼게요.

Idon'thaveto

Idon'thaveto

Idon'thaveto

이제 입에서 편해졌다면 소리 블록을 연습해볼게요.

d d D d D

나 안 가도 돼.	I don't ha ve to **go**.
나 안 먹어도 돼.	I don't ha ve to **eat**.
나는 잘 필요가 없어.	I don't ha ve to **sleep**.
나 떠날 필요가 없어.	I don't ha ve to **leave**.
난 배울 필요가 없어.	I don't ha ve to **learn**.

◆ You have to(너는 ~해야 돼)

I 대신 You로 훈련해볼게요. I have to와 소리 내는 방식은 똑같죠. 여기에 I 대신 You를 넣고 한 단어처럼 Youhaveto 훈련합니다.

3번만 훈련해볼게요.

"banana와 번갈아가면서 훈련할게요!"

ba**na**na You**ha**veto

ba**na**na You**ha**veto

ba**na**na You**ha**veto

이제 입에서 편해졌다면 소리 블록을 연습해볼게요.

dD d   D

너 가야 돼.   You ha ve to **go.**

넌 먹어야 돼.   You ha ve to **eat.**

너 자야 돼.   You ha ve to **sleep.**

넌 떠나야 해.   You ha ve to **leave.**

넌 배워야 해.   You ha ve to **learn.**

◆ I'll (나는 ~할 거야)

I'll은 앞서 배운 I'm gonna와 같이 '~할 것이다'는 표현이에요. 약간의 의미 차이는 있어요. I'm gonna는 조금 더 예정된 미래에 할 의도를 갖고 있을 때 쓰는 거라면, I'll은 막연한 미래에 쓰여요. 이제 I'll을 소리튜닝 해볼게요. I'll은 사전에는 [aɪl](아이얼)로 표기되어 있지만 [əl](얼)로 보다 빠르고 편하게 소리 낼 수 있어요. 기능어이기 때문에 중얼거리듯이 빠르게 처리하세요.

3번만 훈련해볼게요.

"중얼거리듯이 빠르게!"

I'll

I'll

I'll

이제 입에서 편해졌다면 소리 블록을 연습해볼게요.

	d D
나 갈 거야.	I'll go.
먹을 거야.	I'll eat.
나 잘 거야.	I'll sleep.
나 떠날게.	I'll leave.
배울 거야.	I'll learn.

◆ I won't(나는 ~ 안 할 거야)

will not의 축약을 won't라고 표기합니다. [woʊnt] 발음은 조금 어려워요. 우리가 보통 r 발음을 잘 못한다고 생각하는데, 의외로 w 발음도 제대로 하는 분이 거의 없습니다. 왜냐하면 w와 r의 소리 내는 방식이 비슷하기 때문이에요. 처음 입 모양은 똑같습니다. 우~~ 하다가 마지막에 뺄어 줄 때 혀끝이 아래로, 혀 안쪽은 목구멍 쪽으로 올라가는 느낌이에요. 한국어로 굳이 소리를 표현하자면 '온트'가 아니라 '워운트'의 느낌이에요.

3번만 훈련해볼게요.

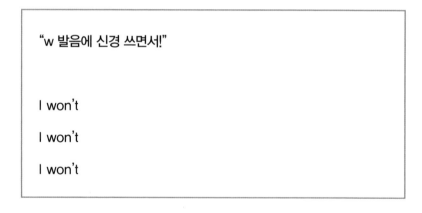

"w 발음에 신경 쓰면서!"

I won't

I won't

I won't

이제 입에서 편해졌다면 소리 블록을 연습해볼게요.

"부정어는 내용어예요. 그래서 제대로 강세를 주며 소리 내야 합니다!"

	d	D	D
나 안 갈 거야.	ɪwon't go.		
나 먹지 않을 거야.	ɪwon't eat.		
나 안 잘 거야.	ɪwon't sleep.		
나 안 떠날 거야.	ɪwon't leave.		
나 안 배울 거야.	ɪwon't learn.		

◆ You'll (너는 ~할 거야)

I 대신 You로 소리튜닝 블록 만들어볼게요. You will의 축약형은 You'll로 표기하고 소리는 [yu:l](유을)이나 [yəl](열)로 소리 냅니다. 기능어이므로 강세 없이 지나가듯이 빠르게 처리해요. y 발음을 할 때 혀끝을 아랫니 안쪽에 대주세요. 강세 음절일 때는 혀끝을 아랫니 안쪽에 대고 꾹 누르면서 소리 내지만 강세 음절이 아닐 때는 살짝 눌러준다고 생각해주세요.

3번만 훈련해볼게요.

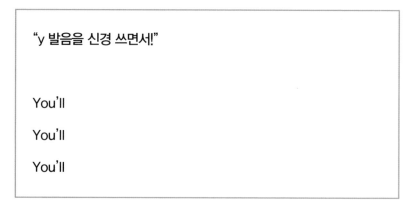

"y 발음을 신경 쓰면서!"

You'll

You'll

You'll

이제 입에서 편해졌다면 소리 블록을 연습해볼게요.

d D

넌 갈 거야. You'll go.

넌 먹을 거야. You'll eat.

넌 잘 거야. You'll sleep.

넌 떠날 거야. You'll leave.

넌 배울 거야. You'll learn.

◆ Did you(너는 ~ 했니?)

Did you 블록은 두 단어가 모두 기능어죠. 그래서 강세 없이 d d 리듬으로 빠르게 처리해줍니다. d + you 구조를 소리 낼 때는 '쥬'로 소리 내주세요. Did you는 '디ㄷ유'보다는 '디쥬'로 소리 내면 편합니다. would you, should you 다 같은 d + you 구조예요. 기능어 조합이기 때문에 중얼거리듯 편하게 한 단어처럼 소리 내주세요.

3번만 훈련해볼게요.

"기능어니까 중얼거리듯 편하게!"

Didyou

Didyou

Didyou

이제 입에서 편해졌다면 소리 블록을 연습해볼게요.

d d D

너 갔어?	Didyou **go**?
먹었어?	Didyou **eat**?
잤어?	Didyou **sleep**?
떠났어?	Didyou **leave**?
너 배웠니?	Didyou **learn**?

◆ I didn't (나는 ~ 안 했어)

과거의 행동을 하지 않았다고 말할 때 쓸 수 있는 블록이죠. I did't + V 의 구조예요. I didn't는 부정어로, 내용어죠. 그래서 d D 리듬의 소리 블록입니다. d D 리듬 구조는 d를 엇박으로 처리해야 해요. again과 같은 리듬이에요. didn't는 끝에 '트' 소리를 크게 해서 '디든트'로 소리 내지 않아요. 그러면 한국어처럼 들릴 수 있어요. 끝의 t 사운드는 뒤에 자음이 오는 경우, t를 위해 혀끝을 입천장에 댄 상태에서 보통 '트' 소리로 터지지 않고, 뒤에 나오는 자음과 함께 터트립니다. 예를 들어, didn't go인 경우 '디든ㅌ고우' 하고 ㅌ를 살짝 터트릴 수도 있지만, 그냥 '디든' 하고 혀끝으로 입천장을 댄 상태에서 터지지 않고 바로 go와 함께 소리 냅니다.

3번만 훈련해볼게요.

"같은 리듬인 단어와 엇박의 느낌을 살리면서!"

ₐgain ıdidn't
ₐgain ıdidn't
ₐgain ıdidn't

이제 입에서 편해졌다면 소리 블록을 연습해볼게요.

	d D D
나 안 갔어.	ɪdidn't go.
나 안 먹었어.	ɪdidn't eat.
나 안 잤어.	ɪdidn't sleep.
난 떠나지 않았어.	ɪdidn't leave.
난 배우지 않았어.	ɪdidn't learn.

◆ I used to(나는 ~하곤 했지)

지금은 하지 않지만 과거에 했던 습관적인 행동을 말할 때 쓰는 used to는 보통 우리가 '유즈드투' 이렇게 한국어처럼 소리 내는데요. 일단 used to[ˈyuːst tə]처럼 t 소리가 중복되는 경우에는 마치 useto처럼 한 번만 소리 냅니다. 그래서 u가 강세인 D d 리듬의 한 단어라고 생각하고 훈련해주세요.

3번만 훈련해볼게요.

"같은 리듬인 단어와 번갈아가면서!"

SiSter Useto

SiSter Useto

SiSter Useto

이제 입에서 편해졌다면 소리 블록을 연습해볼게요.

d D d D

나는 가곤 했어.	I use to **go**.
나는 먹곤 했지.	I use to **eat**.
나는 자곤 했어.	I use to **sleep**.
나는 떠나곤 했어.	I use to **leave**.
나는 배우곤 했어.	I use to **learn**.

Day 06~10

기본 동사 5개
중심 블록
소리튜닝하기

영어의 기본 동사와 조합되는 중심 블록이 정말 많아요. 사실 이 기본 동사들과 만들어지는 다양한 중심 블록만 입과 귀에 붙여놔도 거의 대부분의 표현이 가능할 정도입니다. 그래서 중심 블록을 훈련할 때는 많이 쓰이는 기본 동사를 중심으로 점점 뻗어나가는 방식이 좋아요. 앞으로 더 많은 중심 블록들을 훈련해야겠지만 우선 가장 많이 쓰이는 5개의 기본 동사의 중심 블록 소리튜닝을 해볼게요.

DAY 06. do

do로 만들어진 중심 블록 5개의 의미를 살펴보면 공통점을 발견할 수 있을 거예요. 바로 매일 일어나는 행위들이라는 거죠. 이처럼 do라는 동사는 일상적으로 자주 하는 행동을 표현할 때 쓴다고 생각하면 돼요.

자, 그러면 진짜 실생활에서 입에 달고 사는 5개 중심 블록을 하나씩 소리튜닝해볼게요.

◆ do exercises(운동을 하다)

exercise는 동사로 많이 쓰이지만, 명사로도 쓰입니다. 앞에 형용사에 소유격이 올 때죠.

> do your exercises(너의 운동을 하다)
>
> do light exercises(가벼운 운동을 하다)
>
> do heavy exercises(힘든 운동을 하다)
>
> do strenuous exercises(격렬한 운동을 하다)

소리 블록화해서 배워봅시다. do exercises는 두 단어 모두 내용어죠. 그래서 두 단어 다 제대로 소리를 들려줘야 해요. 먼저 exercise 단어의 발음기호를 보면 점이 아래위 두 개 찍혀 있죠? [ˈeksərˌsaɪzəz] 그 말은 1강세, 2강세가 있는 단어라는 말입니다. 조금 긴 단어들은 2강세까지 갖는 경우가 많습니다. 둘 다 정확하게 제대로 소리 내주고 뱉어줘야 하지만 2강세보다 1강세를 조금 더 뱉는다고 생각하시면 됩니다.

do exercises는 '모음 + 모음'의 연음 구조죠. 의외로 '모음 + 모음' 연음을 자연스럽게 처리하지 못하는 분들이 많아요. 게다가 바로 'e'에서 강세 처리를 해야 하죠. 많은 분들이 이때 두 단어를 끊어서 소리 내요. 정말 꿀팁 들어갑니다. 'uː + 모음'을 처리할 때 중간에 살포시 w가 있다고 생각하면 자연스럽게 이어지면서 다음 모음에 강세 처리를 할 수 있어요. do(w) exercises 이런 느낌이죠. 한 단어처럼 나올 수 있도록 훈련해주세요.

3번만 훈련해볼게요.

"o와 e 사이 w 발음을 떠올리세요!"

do(w)exerCIses
do(w)exerCIses
do(w)exerCIses

자, 이제 소리 블록을 연습해볼게요.

"주어가 3인칭 단수일 때 do 대신 does를 씁니다!"

        d D   D d D

저는 운동을 해요.   I do(w)exerCIses.

너는 운동을 해요.   You do(w)exerCIses.

그녀는 운동을 해요.   She doesexerCIses.

◆ do the dishes(설거지하다)

이 중심 블록에는 내용어가 do, dishes 두 개 있어요. 그래서 이 중심 블록의 리듬은 D d D d입니다. 이때 엇박의 느낌을 살려주지 않으면 리듬감이 전혀 느껴지지 않아요. 농구 하듯이 몸에 리듬을 느껴보세요. -sh로 끝나는 단어는 복수형 처리를 할 때 -es를 붙여서 발음기호와 같이 [ˈdɪʃɪz], ɪz 소리를 냅니다. 자, 이제 이 중심 블록이 한 단어라고 생각하고 훈련해볼게요.

3번만 훈련해볼게요.

"복수형 -es 발음에 유의!"

dothedishes
dothedishes
dothedishes

자, 이제 소리 블록을 연습해볼게요.

d D d D d

저는 설거지를 해요.   I do the dishes.

너는 설거지를 해요.   You do the dishes.

그는 설거지를 해요.   He does the dishes.

◆ do the laundry(빨래를 하다)

이 중심 블록에서 내용어는 do와 laundry이죠. [ˈlɔːndri] 발음기호를 보면 점이 앞에 찍혔어요. 그래서 laundry 단어의 리듬은 D d로 sister 리듬과 똑같아요. 그리고 laundry에서와 같이 ‒dr‒ 구조는 '드리'보다 '쥬' 소리가 더 편해요. 그래서 dream도 '쥬림'이라고 하잖아요. 한 단어 처럼 뭉쳐서 3번 훈련해볼게요.

3번만 훈련해볼게요.

"‒dr‒ 구조의 '쥬' 발음을 기억하세요!"

do_{the}laun_{dry}

do_{the}laun_{dry}

do_{the}laun_{dry}

자, 이제 소리 블록을 연습해볼게요.

d D d D d

저는 빨래를 해요. I do the laun dry.

너는 빨래를 해요. You do the laun dry.

그는 빨래를 해요. He does the laun dry.

◆ do the work(일을 하다)

이 소리 블록에서 내용어는 do와 work입니다. the는 기능어죠. 그래서 리듬이 D d D입니다. 엇박의 느낌을 잘 살려주세요. 농구공이 두 번 밑으로 떨어집니다. 리듬은 몸으로 느껴야 훨씬 더 잘 느껴져요. 그리고 소리도 몸 따라갑니다. D가 한 문장에 여러 개 있을 때는 본인이 이 문장에서 더 강조하고 싶은 단어에 더 뱉어주세요. 어디에 더 강조하냐에 따라 맞고 틀리고가 아니라 뉘앙스가 달라집니다. 자, 이제 리듬으로 한 단어처럼 연습해볼게요.

3번만 훈련해볼게요.

dothework

dothework

dothework

자, 이제 소리 블록을 연습해볼게요.

	d D d D
나 일해.	I do the work.
너 일하는구나.	You do the work.
그는 일을 해요.	He does the work.

◆ do my hair(머리 손질을 하다)

이 블록에서 내용어는 do와 hair죠. 그래서 D d D 리듬의 소리 블록이에요. 영어의 호흡은 날숨에 뱉어줍니다. 내용어 악센트를 처리할 때는 한숨을 내뱉듯이 소리 내주세요. do에서 뱉고 my에서 먹고 hair에서 뱉는 흐름이에요. 한 단어처럼 훈련해볼게요.

3번만 훈련해볼게요.

do_{my}hair

do_{my}hair

do_{my}hair

자, 이제 소리 블록을 연습해볼게요.

d D d D

나 머리 손질해.	I do my hair.
너 머리 손질하는구나.	You do your hair.
그는 머리를 손질해요.	He does his hair.

do나 make는 한국어로는 '하다'의 의미로 쓰여요. 그래서 항상 둘 중에 무엇을 써야 하나 고민스러울 때가 있죠. 앞서 do는 '일상적으로 보통하는 일을 한다'라는 의미라면 make는 간혹 하는 특별한 일이라고 생각하시면 됩니다. 전화 걸기, 커피 타기, 실수하기 등 매일 일상적으로 일어나는 일이 아니라면 make라는 단어를 쓴다고 생각하세요.

◆ make a phone call

내용어는 make, phone call이죠. make a는 자석처럼 이어집니다. 이때 k는 약간 힘이 빠져서 된소리가 날 수 있어요. 그럼 '꺼' 같은 소리가 납니다. phone call은 '명사 + 명사' 구조의 복합명사입니다. 이런 복합명사는 앞 명사를 1강세, 뒤 명사는 2강세로 처리해요. 앞 명사인 phone에 더 뱉어준다고 생각하면 됩니다. 그리고 phone은 정말 발음 주의해야 해요. ph는 f 발음이에요. p로 소리 내면 다른 단어로 인지하게 됩니다. o는 oh 발음이에요. 그래서 phone을 충분히 연습하고 한 단어처럼 phone- phone- phone call 이렇게 연습해보세요.

m_aka

3번만 훈련해볼게요.

"복합명사도 한 단어처럼!"

maₖₑₐphonₑcall

maₖₑₐphonₑcall

maₖₑₐphonₑcall

자, 이제 소리 블록을 연습해볼게요.

	d	D	d	D	D

나는 전화를 걸어. I maₖₑₐphonₑcall.

너는 전화를 한다. You maₖₑₐphonₑcall.

그녀는 전화를 한다. She maₖₑₛₐphonₑcall.

◆ make a bed(침대를 정리하다)

'침대를 정리하다'의 의미로 쓰일 때는 make a/the bed, 혹은 the 대신에 your, my, his, her를 써서 '누구의 침대를 정리한다'라고 좀 더 구체적으로 표현할 수도 있습니다.

내용어는 make와 bed죠. 그러면 강세 리듬은 D d D입니다. 한 단어라고 생각하고 훈련해볼게요. makeabed라고 써놓으면 한 단어같이 소리 낼 수 있겠죠. make + a 구조에서 k는 '크' 소리가 나지 않게 힘을 빼서 된소리가 나면 편해요. 그래서 '꺼' 이렇게 소리 낼 수 있어요. 대신 이 '꺼' 소리를 크게 소리 내지 않습니다. 보통은 '메익' 이런 느낌으로 살짝 숨을 막았다가 the를 이어서 처리해줘요.

3번만 훈련해볼게요.

"k에 힘 빼서 된소리 내기!"

ma_{kea}bed
ma_{kea}bed
ma_{kea}bed

자, 이제 소리 블록을 연습해볼게요.

d	D	d	D

나는 침대를 정리해.   I ma_{kea}bed.

너는 침대를 정리한다.   You ma_{kea}bed.

그녀는 침대를 정리해.   She ma_{kesa}bed.

◆ make a mistake

내용어는 make와 mistake이죠. 먼저 mistake의 발음기호 [mɪˈsteɪk]를 보면 강세 음절은 stake예요. 맛있는 steak와 발음이 똑같아요. 이 음절에는 st라는 이중자음이 있죠. 여기서 중요한 건 s 소리예요. 뱀 지나가는 소리인 s~~ 다음에 t 소리가 이어져서 나와야 해요. s 다음 나오는 t는 된소리가 나올 수 있어서 '스테이ㅋ'보다는 '스떼이ㅋ'가 소리 내기 훨씬 편해요. 이 단어의 리듬은 d D입니다. again과 같죠.

a**gain** mi**stake**

3번만 훈련해볼게요.

"뱀 지나가는 소리 s~~ 다음 t 소리 이어주세요!"

ma_{keami}**stake**
ma_{keami}**stake**
ma_{keami}**stake**

자, 이제 소리 블록을 연습해볼게요.

d D d d D

나는 실수를 한다.   I makeamistake.

너는 실수를 한다.   You makeamistake.

그녀는 실수를 해.   She makesamistake.

◆ make a cup of tea(차/커피를 타다)

그냥 '내가 차 타줄게.' 하려면 이대로 쓰면 됩니다. 만약 '누구에게'라는 말을 넣고 싶으면 make + (대상: your, myself, him/her) + a cup of coffee/tea 이렇게 말하면 됩니다.

소리 블록의 내용어는 make, cup, tea예요. 자음으로 끝나고 모음으로 시작하는 연음 구조가 많습니다. make + a는 makea, cup + of는 cupof 이렇게 한 단어처럼 이어집니다. 이런 연음 구조가 리스닝을 방해합니다. 우리는 cup of(컵오브)를 예상하고 있는데 cupof(커뻐ㅂ)라고 들리니까요. 그런데 이렇게 소리가 날 거라고 인지하고 입으로도 그렇게 연습하면 예상을 했기 때문에 들리기 시작합니다. 한 단어처럼 연습해볼게요.

3번만 훈련해볼게요.

"자음 + 모음의 연음 구조가 많습니다!"

makeaCupoftea

makeaCupoftea

makeaCupoftea

자, 이제 소리 블록을 연습해볼게요.

	d D d D d D
나는 차 한 잔을 만들어.	I makeaCupoftea.
너는 차 한 잔을 만드는구나.	You makeaCupoftea.
그녀는 차 한 잔을 만들어.	She makesaCupoftea.

◆ make a decision(결정하다)

이 소리 블록에서 내용어는 make와 decision입니다. decision [dɪˈsɪʒən]은 강세 음절이 si인 3음절 단어입니다. banana와 리듬이 같죠. sion 음절에 있는 발음기호 [ʒ]를 배워볼게요. 이 발음은 sh 발음과 쌍이 되는 소리예요. 어렵게 생각할 거 없이 우리가 '조용히 해!' 할 때 하는 sh~~ 소리를 하다가 자연스럽게 성대를 울려보세요. 그러면 나오는 소리예요. banana와 번갈아가면서 훈련하면 d D d 리듬이 잘될 거예요.

3번만 훈련해볼게요.

"발음 [ʒ]를 기억하세요!"

maKeadeCIsion

maKeadeCIsion

maKeadeCIsion

자, 이제 소리 블록을 연습해볼게요.

dD   d   dDd

나는 결정을 내린다.	I makeadeCIsion.
너 결정을 내리는구나.	You makeadeCIsion.
그녀는 결정을 내린다.	She makesadeCIsion.

get이라는 동사는 참 다양한 뜻을 갖고 있습니다. 그래서 의미를 파악하기가 쉽지 않아요. 그런데 이제부터 하나만 딱 기억해놓으세요. get은 기본적으로 장소, 상태, 소유 등의 '이동'을 의미합니다. 예를 들어, 'I get the money.'라는 문장은 money를 계속 갖고 있었다는 의미보다는 다른 사람으로부터 나에게 the money가 '이동'했다는 의미예요. 그런 점이 'have'와 차이를 보이죠.

◆ get up(일어나다)

　이 소리 블록은 자음으로 끝나고 모음으로 시작하는 연음 구조입니다. D d 리듬의 한 단어처럼 소리 냅니다. getup 이렇게 보면, '게트업'이 아니라 '게럽'이라고 소리가 나는 걸 알 수가 있죠. t를 처리할 때 ㅌ 소리가 아니라 ㄹ 소리를 내면 편해요. t를 중심으로 모음이 오면 이때 t는 한국어 ㄹ처럼 소리가 납니다.

getup

3번만 훈련해볼게요.

"sister와 같은 D d 리듬을 번갈아가면서 연습해볼게요!"

siSter getup

siSter getup

siSter getup

자, 이제 소리 블록을 연습해볼게요.

"get의 3인칭 단수형은 gets죠.

이때 t는 다시 원래 소리가 나오고, sup이 붙어서 연음 처리 돼요.

ts 구조는 한국어로 표현하자면 ㅊ스럽게 소리가 나요!"

d D d

나는 일어난다.   I getup.

너는 일어난다.   You getup.

그는 일어난다.   He getsup.

◆ get a haircut(머리를 자르다)

내용어는 get과 haircut입니다. haircut 발음기호를 보면 [ˈherkʌt] 앞 음절에 강세가 있어요. D d, 즉 sister와 같은 리듬이에요. get a는 '자음 + 모음' 연음 구조여서 geta 이렇게 한 단어처럼 확 붙죠. t를 중심으로 모음이 있으니 한국어 ㄹ같이 편하게 소리 낼 수 있어요. 그러면 '게터'보 다 '게러'로 소리 내면 편합니다. 영국에서는 '게터'라고 소리 내는 편이에 요. '게터'가 틀린 게 아니라 '게러'라고 소리 내는 게 조금 더 편하다는 뜻 입니다.

3번만 훈련해볼게요.

"'게러'와 '게터,' 편한 대로 발음하면 됩니다!"

ge_{ta}hair_{cut}
ge_{ta}hair_{cut}
ge_{ta}hair_{cut}

자, 이제 소리 블록을 연습해볼게요.

	dD	dD	d

나는 머리 잘라.　　　I getahaircut.

너는 머리 자르는구나.　You getahaircut.

그녀는 머리를 자른다.　She getsahaircut.

◆ get a discount(할인받다)

내용어는 get과 discount예요. 일단 discount['dɪskaʊnt]의 발음을 보면 강세가 di 음절에 있어요. D d 리듬으로 sister와 같네요. 여기서 소리 규칙 하나 더 나갑니다. [sk] 역시 [st]와 비슷합니다. s 다음 나오는 k는 된소리가 납니다. sky 소리를 낼 때 '스까이' 하듯이요. 자, 그럼 한 단어처럼 훈련해볼게요.

3번만 훈련해볼게요.

"s 다음에 나오는 k가 된소리로 납니다!"

ge_{ta}di_{scount}

ge_{ta}di_{scount}

ge_{ta}di_{scount}

자, 이제 소리 블록을 연습해볼게요.

d D d D   d

나는 할인을 받는다.   I getadiscount.

너는 할인을 받는구나.   You getadiscount.

그녀는 할인을 받아.   She getsadiscount.

◆ get a new computer(새 컴퓨터를 사다)

이 소리 블록은 내용어가 많네요. get, new, computer가 내용어입니다. 이렇게 한 문장에 중요한 정보가 많을 때는 본인이 가장 강조하고 싶은 내용어 순으로 더 뱉고 덜 뱉고를 결정하면 됩니다. 다 똑같은 힘으로 뱉으면 소리가 한 단어처럼 나오지 않고 끊어져요. computer는 강세가 pu에 있는 d D d 리듬, banana 리듬이죠. 한 단어처럼 연습해볼게요.

3번만 훈련해볼게요.

"많은 내용어 중 강조하고 싶은 곳에 제대로 뱉어주세요!"

getanewcomputer

getanewcomputer

getanewcomputer

자, 이제 소리 블록을 연습해볼게요.

	d D d D	d D d
나는 새 컴퓨터를 산다.	I getanewcomputer.	
너는 새 컴퓨터를 산다.	You getanewcomputer.	
그는 새 컴퓨터를 산다.	He getsanewcomputer.	

◆ get a lot of money(돈을 많이 벌다)

내용어는 get, lot, money입니다. 중요한 정보 3개를 상대 귀에 제대로 뱉어주겠다고 생각해보세요. 이 블록에서도 자음+모음 연음 구조가 많습니다. get a, lot of 두 구조 다 t를 중심으로 모음이 있어서 t 소리가 한국어 ㄹ처럼 편하게 소리 낼 수 있어요. geta는 '게러', lotof는 '라러ㅂ'라고 소리 낼 수 있다는 걸 인지해야 들리기 시작합니다.

3번만 훈련해볼게요.

"자음+모음의 연음 구조에 유의하면서!"

getalOtofmOney

getalOtofmOney

getalOtofmOney

자, 이제 소리 블록을 연습해볼게요.

d D d D d D   d

나는 돈을 많이 벌어.　　I getalotofmoney.

너 돈 많이 버네.　　You getalotofmoney.

그는 돈을 많이 벌어.　　He getsalotofmoney.

take 역시 여러 의미를 갖고 있지만 공통적인 느낌을 이해하는 것이 좋아요. take는 뭔가 노력해서 취하다, 잡다처럼 공통적으로 '획득'의 의미가 있어요.

◆ take a shower

이 소리 블록에서 중요한 정보는 take와 shower입니다. 한 호흡으로 한 단어처럼 소리 내되 중요한 정보인 이 두 내용어는 상대 귀에 날카롭게 쏴준다는 느낌으로 소리 냅니다. take a는 '자음 + 모음' 연음 구조여서 taka 이렇게 자석처럼 붙죠. 그리고 리듬은 D d, sister 리듬이에요. shower라는 단어의 음절 구분을 보면 [ˈʃaʊər] sho/wer가 아니라 show/er인 것을 알 수 있어요. 음절 구분을 어디서 하냐에 따라 소리 자체가 바뀝니다.

3번만 훈련해볼게요.

"sho/wer가 아니라 show/er임을 기억하세요!"

ta_{kea}**show**_{er}

ta_{kea}**show**_{er}

ta_{kea}**show**_{er}

자, 이제 소리 블록을 연습해볼게요.

d D d   D d

저는 샤워를 해요.   I ta_{kea}**show**_{er}.

너는 샤워를 하는구나.   You ta_{kea}**show**_{er}.

그녀는 샤워를 하네.   She ta_{kesa}**show**_{er}.

◆ take the subway(지하철을 타다)

이 소리 블록에서 중요한 정보는 take와 subway죠. subway는 강세가 앞 음절에 들어가서 D d 리듬의 단어예요. subway에서 b를 처리할 때 '서브웨이' 이렇게 '_' 넣지 않습니다. 이러면 2음절 단어가 4음절이 되겠죠.

3번만 훈련해볼게요.

"'으' 발음 넣지 말기!"

takethesubway

takethesubway

takethesubway

자, 이제 소리 블록을 연습해볼게요.

dD d D d

나 지하철 타.　　　I take the subway.

너는 지하철 타.　　You take the subway.

그녀는 지하철을 탄다.　She takes the subway.

◆ take notes(메모하다)

이 소리 블록은 두 단어 다 내용어입니다. 그래서 D D 리듬입니다. 이런 경우 더 강조하고 싶은 단어에 더 뱉어주세요. 그러면 자연스럽게 잘 이어집니다. 만약 같은 세기로 뱉으면 딱딱 끊어질 거예요. 날숨에, 마치 한숨 쉬듯 뱉으세요. 숨 마시고 뱉어내면서 take notes를 처리해보세요. 훨씬 편하지 않아요?

3번만 훈련해볼게요.

takeNOtes

takeNOtes

takeNOtes

자, 이제 소리 블록을 연습해볼게요.

	d D D
나는 메모를 한다.	I takeno̱tes.
너는 메모를 하는구나.	You takeno̱tes.
그녀는 메모를 해.	She takesno̱tes.

◆ take a class(수업을 듣다)

이 소리 블록의 내용어는 take와 class이죠. D d D 리듬의 한 단어라고 생각하고 훈련해주세요. '테이크어클래스'를 예상하면 들리지 않아요. take a는 '자음 + 모음' 연음 구조여서 taka 이렇게 한 단어처럼 소리 내요. 그리고 k 소리에 강세가 없으면 된소리로 소리를 내는 편입니다. '테이꺼' 같은 소리를 내주세요. 그런데 이때 '꺼'를 너무 크게 강조하면 안 됩니다. 힘이 빠져서 된소리가 되어버린 것이니까요.

3번만 훈련해볼게요.

ta_{kea}class

ta_{kea}class

ta_{kea}class

자, 이제 소리 블록을 연습해볼게요.

dD d D

나 수업 들어.　　I takeaclass.

너 수업 듣는구나.　You takeaclass.

그는 수업 들어.　　He takesaclass.

◆ take my medicine(약을 먹다)

이 소리 블록에서 중요한 정보는 '약을 먹는다'는 것입니다. 그래서 take와 medicine이 내용어입니다. medicine['medɪsən] 발음기호를 보면 강세가 앞 음절에 있는 D d d 리듬의 3음절 단어예요. 중간 d 소리는 모음 사이에 있으면 소리를 약화시켜서 살짝 편하게 소리 낼 수 있어요. 그래서 d는 한국어 ㄹ 소리를 내면 편하게 이어져요. 전체 블록은 D d D d d 리듬이에요. 농구공을 튕긴다는 생각으로 몸을 움직이면서 훈련해보세요.

3번만 훈련해볼게요.

takemymedicine

takemymedicine

takemymedicine

자, 이제 소리 블록을 연습해볼게요.

dD d D dd

나는 약을 먹어. I takemymedicine.

너 약 먹는구나. You takeyourmedicine.

그녀는 약 먹어. She takeshermedicine.

have를 단순히 '가지다'라고 알고 있으면, 해석이 안 되는 경우도 많고, 이 뜻에 해당하는 경우에만 have를 사용할 수 있게 됩니다. have를 이해할 때 가장 좋은 방법은 '(가지고) 있다'로 기억하는 것입니다. 음식이든 물건이든 꿈이든 나에게 와서 온전히 '내게 (가지고) 있다'라는 의미를 기억해두세요.

◆ have breakfast(아침 식사를 하다)

'먹다'의 의미로 eat라는 동사를 쓸 수도 있지만 have 단어도 많이 쓰입니다. 많이 쓰이는 이런 소리 블록은 툭 치면 나오게 훈련하세요. have lunch, have dinner까지 같이 붙여놓으면 좋겠죠.

breakfast['brekfəst]는 D d 리듬의 2음절 단어입니다. 이 단어에서 어려운 소리는 바로 br 이중자음이에요. 이중자음에서 중요한 것은 둘 다 제대로 소리 내야 한다는 거예요. b를 위해 입을 다물고 터질 때 r의 입 모양을 하면 동시에 터트릴 수 있어요. 연습할 때는 쪼개서 하는 게 좋아요.

br- br- brea- brea- break- break- breakfast

3번만 훈련해볼게요.

"이중자음 br에 유의하기!"

ha_{ve}break_{fast}
ha_{ve}break_{fast}
ha_{ve}break_{fast}

자, 이제 소리 블록을 연습해볼게요.

"주어가 3인칭 단수일 때 have가 has가 돼요!"

	d D	D d

나는 아침을 먹어.　　I ha_{ve}break_{fast}.

너는 아침을 먹는구나.　You ha_{ve}break_{fast}.

그녀는 아침을 먹어.　She has break_{fast}.

◆ have a nightmare(악몽을 꾸다)

꿈이나 악몽도 들어와서 온전히 '내 것'이 된 거죠. 그래서 have라는 동사를 씁니다. nightmare['naɪtmer] 이 단어를 발음할 때 '나이트메얼' 이렇게 '나이트' 소리 내면 안 돼요. night까지는 1음절인데 '나이트' 이렇게 소리 내면 3음절이 되죠. 원어민들은 음절 수와 강세에 맞지 않게 소리 내면 굉장히 헷갈려해요. 그래서 이때 t는 '트' 이렇게 터지지 않아요. t를 위해 혀끝을 입천장에 대고 터지지 않은 상태에 있다가 mare 하면서 같이 터져주세요.

3번만 훈련해볼게요.

"t 소리는 터지지 않습니다!"

ha_{vea}**night**_{mare}
ha_{vea}**night**_{mare}
ha_{vea}**night**_{mare}

자, 이제 소리 블록을 연습해볼게요.

	d D d	D	d

나 악몽 꿨어.   I haveanightmare.

너 악몽 꿨구나.   You haveanightmare.

그녀는 악몽을 꿔.   She hasanightmare.

◆ have a plan(계획이 있다)

꿈도 내 안에 있으니 계획도 내 안에 있겠죠? 그래서 have라는 동사와 결이 맞아요. have + a가 '자음 + 모음' 연음 구조입니다. 이제 보이시죠? 그래서 자석같이 붙습니다. hava 이렇게 한 단어처럼 소리 난다고 예상해야 들려요. 전체 소리 블록 리듬은 D d D 이죠.

3번만 훈련해볼게요.

ha_{vea}plan
ha_{vea}plan
ha_{vea}plan

자, 이제 소리 블록을 연습해볼게요.

dD d D

나는 계획이 있어.　I haveaplan.

너는 계획이 있구나.　You haveaplan.

그는 계획이 있어.　He hasaplan.

◆ have a fever(열이 나다)

감기나 열 같은 병도 내게 와서 지니게 된 것이니 have라는 단어와 어울리죠? have a cold(감기 걸리다), have a headache(머리 아프다), have a stomachache(배 아프다) 등으로 쓸 수 있어요. have와 a가 자석처럼 붙어서 hava 이렇게 한 단어처럼 한 호흡에 처리해주세요.

3번만 훈련해볼게요.

---

haveafever

haveafever

haveafever

자, 이제 소리 블록을 연습해볼게요.

dD d D d

나 열이 있어.	I haveafever.
너 열이 있는데.	You haveafever.
그녀는 열이 있어.	She hasafever.

◆ have an appointment(예약이 되어 있다)

정말 많이 쓰는 소리 블록입니다. 입과 귀에 착 붙여놓으세요. 이 표현은 보통 친구와의 약속이 아니라 병원이나 스파, 미팅 등의 약속이 있다고 할 때 쓰여요. 친구와의 편한 약속은 have plans라는 표현을 쓰시면 됩니다. 일단 긴 단어인 appointment 발음부터 체크해볼게요. 발음기호를 보면 [əˈpɔɪnt.mənt] ppoint 음절에 강세가 있어요. 이 단어의 리듬은 놀랍게도 banana와 같은 d D d 리듬이에요. 꽁장히 길어 보이지만 실제로 banana와 리듬이 같다는 것을 아는 순간 불필요한 소리를 없앨 수 있어요. 이 단어를 '어포인트먼트' 이렇게 소리 내면 3음절 단어를 6음절로 소리 내는 거예요. 거의 2배로 늘어나죠. 이런 경우 원어민은 못 알아들을 수 있어요. 그래서 3음절로 제대로 소리 내기 위해서 이 단어에서 나오는 t 음소들의 소리를 내지 마세요. 그냥 혀끝을 입천장에 대고 숨을 막고 살짝 끊어지는 느낌을 주면서 이어주세요. banana 리듬을 따라가는 데 지장이 없는 정도로 힘을 완전 빼주세요. 이 블록에서 an appointment를 소리 낼 때 an + a의 '자음 + 모음' 연음이 들어가서 마치 anappointment(어너포인먼ㅌ)라는 한 단어처럼 들릴 거예요. 그럴 거라고 예상하고 나도 그렇게 소리 내면 들려요.

3번만 훈련해볼게요.

"appointment는 3음절입니다!"

ha_{veana}ppoin_{tment}
ha_{veana}ppoin_{tment}
ha_{veana}ppoin_{tment}

자, 이제 소리 블록을 연습해볼게요.

	dD	d	dD	d
나 예약되어 있어.	I ha_{veana}ppoin_{tment}.
너 예약되어 있잖아.	You ha_{veana}ppoin_{tment}.
그녀는 예약되어 있어.	She ha_{sana}ppoin_{tment}.

Day 11~14

소리 블록
실전 통합
훈련하기

지금까지 입과 귀에 붙인 시작 블록과 중심 블록을 갖고 실전 훈련을 해볼게요. 아직 블록 하나하나가 입에 붙지 않았다면 조금 더 연습하고 오시는 것을 권합니다.

DAY 11. 통합 훈련①

◆ 오늘의 소리 블록

오늘 통합 훈련할 소리 블록들입니다. 한 번씩 말해보며 얼마나 기억하고 있는지 체크해봅시다. 강세와 리듬, 조심해야 할 발음들을 표시해봅시다.

BB	CB
I wanna	do exercises
I don't wanna	make a phone call
Do you wanna	get up
I'm gonna	take a shower
You're gonna	have breakfast
We're gonna	do the dishes

◆ 모든 조합을 소리 내어 말해봅시다

BB	CB
I wanna	do light exercises
	make a phone call
	get up
	take a shower
	have breakfast
	do the dishes
I don't wanna	do heavy exercises
	make a phone call
	get up
	take a shower
	have breakfast
	do the dishes
Do you wanna	do breathing exercises
	make a phone call
	get up
	take a shower
	have breakfast
	do the dishes

BB	CB
I'm gonna	do light exercises
	make a phone call
	get up
	take a shower
	have breakfast
	do the dishes
You're gonna	do heavy exercises
	make a phone call
	get up
	take a shower
	have breakfast
	do the dishes
We're gonna	do breathing exercises
	make a phone call
	get up
	take a shower
	have breakfast
	do the dishes

◆ 상세 블록으로 문장 확장

배운 블록들을 조합하여 문장을 직접 써보고, 오른쪽의 상세 블록 중 의미와 맞는 것을 골라 확장해봅시다.

문장 만들기
나 아침에 가벼운 운동을 하고 싶어.

나 지금 전화 걸고 싶어.

너 일찍 일어나고 싶니?

나는 늦게까지 격렬한 운동을 하고 싶어.

지금 샤워하고 싶어.

DB		
in the morning	now	early
until late	tomorrow	with you
later	at the hotel	right here

문장 만들기
나 내일 샤워할 거야.

| 너 내일 아침 식사 할래? |

| 나는 너와 숨쉬기 운동하고 싶어. |

| 우리가 이따가 설거지할 거야. |

| 우리가 바로 여기, 호텔에서 아침을 먹을 거야. |

I wanna do light exercises in the morning.

I wanna make a phone call now.

Do you wanna get up early?

I wanna do heavy exercises until late.

I wanna take a shower now.

I'm gonna take a shower tomorrow.

Do you wanna have breakfast tomorrow?

I wanna do breathing exercises with you.

We're gonna do the dishes later.

We're gonna have breakfast right here at the hotel.

◆ 나만의 문장 조합 만들어보기

일상생활에서 가장 잘 쓸 것 같은 문장을 만들어봅시다. 그리고 10번씩 말하며 입과 귀에 붙여봅시다.

①	②	③	④	⑤	⑥	⑦	⑧	⑨	⑩

①	②	③	④	⑤	⑥	⑦	⑧	⑨	⑩

①	②	③	④	⑤	⑥	⑦	⑧	⑨	⑩

①	②	③	④	⑤	⑥	⑦	⑧	⑨	⑩

①	②	③	④	⑤	⑥	⑦	⑧	⑨	⑩

◆ 오늘의 소리 블록

오늘 통합 훈련할 소리 블록들입니다. 한 번씩 말해보며 얼마나 기억하고 있는지 체크해봅시다. 강세와 리듬, 조심해야 할 발음들을 표시해봅시다.

BB	CB
I have to	do the dishes
I don't have to	get a haircut
You have to	take notes
I'll	have breakfast
I won't	have an appointment
You'll	get a new computer
	take a class

◆ 모든 조합을 소리 내어 말해봅시다

BB	CB
I have to	do the dishes
	get a haircut
	take notes
	have breakfast
	have an appointment
	get a new computer
	take a class
I don't have to	do the dishes
	get a haircut
	take notes
	have breakfast
	have an appointment
	get a new computer
	take a class
You have to	do the dishes
	get a haircut
	take notes
	have breakfast
	have an appointment
	get a new computer
	take a class

BB	CB
I'll	do the dishes
	get a haircut
	take notes
	have breakfast
	have an appointment
	get a new computer
	take a class
I won't	do the dishes
	get a haircut
	take notes
	have breakfast
	have an appointment
	get a new computer
	take a class
You'll	do the dishes
	get a haircut
	take notes
	have breakfast
	have an appointment
	get a new computer
	take a class

◆ 상세 블록으로 문장 확장

배운 블록들을 조합하여 문장을 직접 써보고, 오른쪽의 상세 블록 중 의미와 맞는 것을 골라 확장해봅시다.

문장 만들기
나는 지금 설거지해야 돼.

나 오늘 머리 잘라야 해.

나 여기에 노트할 필요 없어.

넌 매일 아침 먹어야 해.

나 의사 선생님과 예약 잡아야 해.

DB		
now	today	here
every day	with the doctor	next week
before school starts	soon	tonight

문장 만들기
너 지금 새 컴퓨터 살 필요 없잖아.

너는 학교가 시작하기 전에 새 컴퓨터를 사야 해.

내가 오늘 밤에 설거지할게.

곧 수업 들을 거야.

나는 오늘 여기서 아침 먹지 않을 거야.

I have to do the dishes now.

I have to get a haircut today.

I don't have to take notes here.

You have to eat breakfast every day.

I have to make an appointment with the doctor.

You don't have to get a new computer now.

You have to get a new computer before school starts.

I'll do the dishes tonight.

I'll take a class soon.

I won't eat breakfast here today.

◆ 나만의 문장 조합 만들어보기

일상생활에서 가장 잘 쓸 것 같은 문장을 만들어봅시다. 그리고 10번씩 말하며 입과 귀에 붙여봅시다.

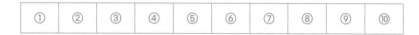

①	②	③	④	⑤	⑥	⑦	⑧	⑨	⑩

①	②	③	④	⑤	⑥	⑦	⑧	⑨	⑩

①	②	③	④	⑤	⑥	⑦	⑧	⑨	⑩

①	②	③	④	⑤	⑥	⑦	⑧	⑨	⑩

①	②	③	④	⑤	⑥	⑦	⑧	⑨	⑩

DAY 13. 통합 훈련③

◆ 오늘의 소리 블록

오늘 통합 훈련할 소리 블록들입니다. 한 번씩 말해보며 얼마나 기억하고 있는지 체크해봅시다. 강세와 리듬, 조심해야 할 발음들을 표시해봅시다.

BB	CB
Did you	do the work
I didn't	make a phone call
I used to	make a decision
We're going to	get a discount
I don't have to	take the subway
	have a nightmare

◆ 모든 조합을 소리 내어 말해봅시다

BB	CB
Did you	do the work
	make a phone call
	make a decision
	get a discount
	take the subway
	have a nightmare
I didn't	do the work
	make a phone call
	make a decision
	get a discount
	take the subway
	have a nightmare
I used to	do the work
	make a phone call
	make a decision
	get a discount
	take the subway
	have a nightmare

BB	CB
We're going to	do the work
	make a phone call
	make a decision
	get a discount
	take the subway
	have a nightmare
I don't have to	do the work
	make a phone call
	make a decision
	get a discount
	take the subway
	have a nightmare

◆ 상세 블록으로 문장 확장

배운 블록들을 조합하여 문장을 직접 써보고, 오른쪽의 상세 블록 중
의미와 맞는 것을 골라 확장해봅시다.

문장 만들기
너 오늘 일했니?

너 몇 시간 전에 전화했니?

너는 지금 결정을 내리지 않아도 돼.

우리 오늘은 지하철 탈 거예요.

내가 어렸을 때 나는 악몽을 꾸곤 했어.

DB		
today	a couple hours ago	now
when I was a kid	yet	when you were a kid

문장 만들기
너 어렸을 때 지하철 탔었니?

어렸을 때 난 지하철 타지 않았어.

너 오늘 악몽을 꿨니?

저는 오늘 할인받을 필요 없어요.

나는 아직 결정을 내리지 않았어.

Did you do the work today?

Did you make a phone call a couple hours ago?

You don't have to make a decision now.

We're going to take the subway today.

I used to have a nightmare(nightmares) when I was a kid.

Did you take the subway when you were a kid?

I didn't take the subway when I was a kid.

Did you have a nightmare today?

I don't have to get a discount today.

I didn't make a decision yet.

◆ 나만의 문장 조합 만들어보기

일상생활에서 가장 잘 쓸 것 같은 문장을 만들어봅시다. 그리고 10번씩 말하며 입과 귀에 붙여봅시다.

| ① | ② | ③ | ④ | ⑤ | ⑥ | ⑦ | ⑧ | ⑨ | ⑩ |

| ① | ② | ③ | ④ | ⑤ | ⑥ | ⑦ | ⑧ | ⑨ | ⑩ |

| ① | ② | ③ | ④ | ⑤ | ⑥ | ⑦ | ⑧ | ⑨ | ⑩ |

| ① | ② | ③ | ④ | ⑤ | ⑥ | ⑦ | ⑧ | ⑨ | ⑩ |

| ① | ② | ③ | ④ | ⑤ | ⑥ | ⑦ | ⑧ | ⑨ | ⑩ |

DAY 14. 통합 훈련④

◆ 오늘의 소리 블록

오늘 통합 훈련할 소리 블록들입니다. 한 번씩 말해보며 얼마나 기억하고 있는지 체크해봅시다. 강세와 리듬, 조심해야 할 발음들을 표시해봅시다.

BB	CB
I won't	make a mistake
You have to	make the/your/my bed
I'm going to	get a lot of money
I want to	take a class
I didn't	take my/your medicine
	have a plan
	make (you/her/him) a cup of coffee

◆ 모든 조합을 소리 내어 말해봅시다

BB	CB
I won't	make a mistake
	make the/your/my bed
	get a lot of money
	take a class
	take my/your medicine
	have a plan
	make (you/her/him) a cup of coffee
You have to	make a mistake
	make the/your/my bed
	get a lot of money
	take a class
	take my/your medicine
	have a plan
	make (you/her/him) a cup of coffee
I'm going to	make a mistake
	make the/your/my bed
	get a lot of money
	take a class
	take my/your medicine
	have a plan
	make (you/her/him) a cup of coffee

BB	CB
I want to	make a mistake
	make the/your/my bed
	get a lot of money
	take a class
	take my/your medicine
	have a plan
	make (you/her/him) a cup of coffee
I didn't	make a mistake
	make the/your/my bed
	get a lot of money
	take a class
	take my/your medicine
	have a plan
	make (you/her/him) a cup of coffee

◆ 상세 블록으로 문장 확장

배운 블록들을 조합하여 문장을 직접 써보고, 오른쪽의 상세 블록 중 의미와 맞는 것을 골라 확장해봅시다.

문장 만들기
나 다시는 실수하지 않을 거야.

너는 매일 침구 정리를 해야 해.

난 다시는 침대 정리하지 않을 거야.

나는 곧 많은 돈을 얻게 될 거야.

나는 지역 대학에서 수업을 듣고 싶어.

DB		
again	every day	soon
at the community college	this morning	in life

문장 만들기

나 다시는 약을 먹지 않을 거야.

나는 오늘 아침에 약을 먹지 않았어.

나는 오늘 아침에 침대를 정리할 거야.

너는 인생에서 계획이 있어야 해.

내가 매일 너에게 커피 타줄게.

I won't make a mistake again.

You have to make your bed every day.

I won't make the bed again.

I'm going to get a lot of money soon.

I want to take a class at the community college.

I won't take my medicine again.

I didn't take my medicine this morning.

I'm going to make the bed this morning.

You have to have a plan in life.

I'm going to make you a cup of coffee every day.

◆ 나만의 문장 조합 만들어보기

일상생활에서 가장 잘 쓸 것 같은 문장을 만들어봅시다. 그리고 10번
씩 말하며 입과 귀에 붙여봅시다.

①	②	③	④	⑤	⑥	⑦	⑧	⑨	⑩

①	②	③	④	⑤	⑥	⑦	⑧	⑨	⑩

①	②	③	④	⑤	⑥	⑦	⑧	⑨	⑩

①	②	③	④	⑤	⑥	⑦	⑧	⑨	⑩

①	②	③	④	⑤	⑥	⑦	⑧	⑨	⑩